Barbara Cratzius   *Winter im Kindergarten*

Barbara Cratzius

Winter
im Kindergarten

*Mit vielen Illustrationen
von Gertrud Schrör*

Herder
Freiburg · Basel · Wien

Die Lieder dieses Buches von Paul G. Walter
sind zusammengefaßt in der Begleit-Kassette
„Warum ist's so leise im Winterwald?" (Lieder im Winter).
© bei den Autoren.
Sie können diese MC käuflich erwerben bei
Paul G. Walter, Eichenweg 15a, 6905 Schriesheim,
Telefon 06203/63775.

3. Auflage

Weitere Autoren, deren Texte/Liedkompositionen in dieses Buch
aufgenommen wurden: G. Erhardt, H. Ring, E. Scharafat, P. G. Walter, U. Weber.

Notengrafik: Herbert Ring
Fotos: B. Kreutz S. 87; W. Prinz S. 86, 106, 109, 113, 115, 122.
Kinderbilder auf den Seiten 21, 22, 60, 69
Einbandfoto: Hartmut W. Schmidt

Alle Rechte vorbehalten – Printed in Germany
© Verlag Herder Freiburg im Breisgau 1988
Herstellung: Freiburger Graphische Betriebe 1989
ISBN 3-451-21264-1

Mit Kindern den Winter feiern

Aufbruch im Winter

Die letzten Äpfel nahm der kalte Wind.
Leergepickt die vollen Körbe der Sonnenblumen.
Erloschen ist das feurige Rot der Buchenblätter.
Kürzer werden die Tage,
und lauter die Hungerschreie der Raben.
Da ist es gut zu wissen,
daß in der Tiefe sich neu der Same bereitet
und Keim und Knospe aufbricht
nach dem Dunkel der
toten Winternächte
zum neuen Leben.

Den Winter feiern – wäre dies nicht auch eine gute Überschrift für dieses Buch gewesen? Wenn wir Erwachsenen stöhnen über die hohe Heizölrechnung, den lästigen Husten und Schnupfen, dann entdecken die Kinder Jahr für Jahr wieder, wie schön und aufregend und beglückend die kalte Jahreszeit sein kann. Freilich – das Spielen auf dem Hof, im Garten und auf der Wiese ist vorbei. Der Winter weist uns mit Eis und Kälte in die Geborgenheit unseres Hauses. Wir entdekken wieder, wie schön es ist, miteinander beim Schein einer Kerze zu erzählen, zu basteln, Geschichten zu hören, gemeinsam zu singen und zu musizieren. Der Winter ist die Jahreszeit mit den vielen schönen Festen. Da gibt es das Barbara- und Nikolausfest. Warum sollen wir nicht auch mal ein Bratapfelfest, ein Kerzenfest, ein Pfefferkuchenfest und ein Schneemannfest feiern? Dieses frohe gemeinsame Erleben der Woche vor Weihnachten nimmt nichts vorweg von der Freude, die uns mit dem Weihnachtsfest geschenkt wird.
Das Kind freut sich jedes Jahr wieder auf die fröhlichen Eindrücke der Zeit vor und nach Weihnachten. Mit wachsendem Verständnis entwickelt es eine freudige Erwartungshaltung, eine Vorfreude auf das gemeinsam gestaltete Fest. Wie der Refrain eines bekann-

ten Liedes immer wieder freudig mitgesungen wird, so erfährt das Kind von Jahr zu Jahr bewußter und aktiver die Vorbereitungen auf die winterlichen Feste.

Bei den immer wiederkehrenden Jahreskreisfeiern geschieht mehr als etwa nur die Wiederholung eines Lernstoffes. „Das wiederholende Immer-tiefer-Eindringen in ein Festthema bietet die Chance, bleibende Erfahrungen zu vermitteln, Bilder in seelische Tiefen sinken zu lassen, die ein lebenslanger Besitz bleiben."*

Wir Erwachenen können uns von der kindlichen Vorfreude, die Schönheiten und Geheimnisse der kalten Jahreszeit zu erleben, mit anstecken lassen.

Die ersten tanzenden Schneeflocken, das zugeschneite Auto, die glitzernde Eisbahn, die Spuren der Amselfüße im Schnee, die sausende Schlittenfahrt, die Freude an den aufbrechenden Blüten der Barbarazweige, die Überraschung im Nikolausschuh und schließlich der Lichterglanz des Weihnachtsbaumes – das sind Erfahrungen und Freuden im Winter, die auch wir Erwachsene dankbar wieder Jahr für Jahr erleben.

So will dieses Buch Erziehern vielfältige Anregungen geben, den Winter mit wachen Sinnen und voller Phantasie mitzuerleben. Fingerspiele und Klanggeschichten, Vorschläge für Kreisspiele und viele Gestalterische Ideen, Lieder, Rätsel und Geschichten u. a. mehr sind in bunter Fülle darin enthalten. Erzieherinnen und Mütter werden wie in einer Fundgrube darin herumstöbern und selber spüren, welche Texte für die Altersgruppe ihrer Kinder in Frage kommen.

So können wir uns mit den Kindern einschwingen in den großen Rhythmus des Jahres. Der Winter kann eine Einladung zum Schauen und Hören, zum Erzählen und Singen, zum Tasten und Fühlen, zum Warten und Hoffen sein. Denn im Dunkel der Winternächte bereitet sich in der Erde schon der Keim für das neue Werden und Wachsen in der hellen Frühlingssonne vor.

Barbara Cratzius

* Vgl. Wolfgang Longardt, Leben im Jahreskreis 2: Herbst und Winter im Kindergarten (Reihe: praxisbuch kindergarten), Verlag Herder, Freiburg, S. 116.

Inhalt

1. Hurra – es schneit! 11
2. Wir spielen im Winter 25
3. Tiere im Winter 35
4. Wir feiern Feste in der Vor-Weihnachtszeit 55
5. Wir freuen uns auf Weihnachten 85
6. Spiele für die Weihnachtszeit 103
7. Ein neues Jahr liegt vor uns 123

Unter den obigen Kapitelüberschriften finden Sie an den angegebenen Seiten viele Texte und Gestaltungsvorschläge in der Reihenfolge des Buches.

Das nachfolgende Inhaltsverzeichnis will ihnen durch die Ordnung nach Stichworten die Suche nach bestimmten Texten und Gestaltungsvorschlägen erleichtern.

BASTELVORSCHLÄGE

(Herstellen verschiedener Dinge)

Ein Schneemann, der nie schmilzt . .	23
Fensterschmuck	23
Schneekristalle	23
Der Schneemann bekommt ein buntes Kleid	26
Schneewolke mit Flockenketten . . .	32
Pappmaché-Schneemänner	33
Vogelhaus mit drei Vögeln	54
Wir beschenken den St. Nikolaus . . .	67
Wir fertigen die Ausstattung für den Nikolausdarsteller an	76
Stick-Esel	81
Nikolaus	82
Weihnachtsmann	83
Bunte Kerzenkette	83
Duftender Weihnachtsigel	95
Ein Weihnachtsbaum, der nicht umkippt	100
Glitzernde Tannenzapfen	100
Tischlaterne für kleine Leute	100
Ein Fenster zum Verschenken	101
Sternenleuchte	102
Wir stellen gemeinsam einen Adventskalender her	102

INHALT

BEWEGUNGSSPIELE

Tanz der Schneeflocken 26
Schneeflocken und Hagelkörner . . . 30
Apfel (Birne) treffen 30
Tiere im Winter 38
Wie das fleißige Mäuschen den Hasen einen warmen Winterpelz genäht hat . 43
Wir holen die Tiere ins Häuschen . . . 46
Wo hab' ich nur die Nuß versteckt? . . 51
Das Bärenspiel im Winter 51
Kleines Nikolausspiel 75
Als Nikolaus Bischof von Myra war . 78
Der Esel hat die Nuß verloren 108
Hirten auf dem Weg zur Krippe . . . 109

BILDHAFTES GESTALTEN

Der Winter 14
Was die Kinder zum Winter sagen . . 15
Wir malen einen bunten Schneemann . 27
Schneemann-Stempelspiel 34

BRAUCHTUM

Zum Barbaratag 56
Die Sternsinger kommen 126
(Siehe auch FESTE)

ERZÄHLUNGEN – GESCHICHTEN

Vom Regentropfen, der gern eine Schneeflocke werden wollte 12
Schneeflocken fallen 16
Der neue große Schlitten 19
Wo sind denn die Marienkäfer geblieben? 38
Vom Igel, der keinen Winterschlaf halten wollte 40
Barbarazweige 57
Legende von St. Nikolaus 62
Heute ist Nikolaustag! 71
Licht in der Weihnachtsnacht 86
Der kleine Tannenbaum – aber mit Wurzel! 88
Mutters Wunschzettel 90
Laute Nacht – Heilige Nacht 93
Der neue Engel 105

FESTE

Die Gestaltung von Nikolausfeiern im Kindergarten 60
Vorschlag zur Gestaltung einer Nikolausfeier 65
Wir beschenken den St. Nikolaus . . . 67
Wir fertigen die Ausstattung für den Nikolausdarsteller an 76

FINGERSPIELE

Tiere im Winter 38
Fünf Igelkinder trippeln durch das Gras 50
Fingerspiele für die Weihnachtszeit . . 104
Auf dem Hirtenfeld 120

GEDICHTE

Der Winter 14
Was die Kinder zum Winter sagen . . 15
Winter 16
Mal ein Bild vom Monat Dezember, Januar und Februar 21
Der Schneemann bekommt ein buntes Kleid 26
Weißt du wohl, was hart (weich) ist? . 29
Tiere im Winter 38
Spuren im Winter 48
Am Barbaratag im Dezember 56
Am Abend vor dem Nikolaustag . . . 59

INHALT

Vorschlag zur Gestaltung einer Nikolausfeier 65
Ein großer Sack voll Wünsche 77
Beim Krippenspiel 87
In der Heiligen Nacht 91
Die Schafe auf dem Feld 92
Der Hund bei der Herde 92

KLANGSPIELE, -GESCHICHTEN

Vom Regentropfen, der gern eine Schneeflocke werden wollte 12
Tiere im Winter 38
Vom Igel, der keinen Winterschlaf halten wollte 40
Nikolaus, komm zu uns ins Haus! . . 68

KRIPPENSPIELE

Die Kinder an der Krippe 113
Die Tiere an der Krippe 116

LIEDER

Winter-Lied 14
Im Winterwald 17
Tanz der Schneeflocken 26
Im Winter 31
Wir holen die Tiere ins Häuschen . . . 46
Schau, ein kleines Mauseohr! 49
Am Abend vor dem Nikolaustag . . . 58
Nikolaus, komm zu uns ins Haus! . . 68
Vor dem Nikolaustag 69
Nikolaus 70
Als Nikolaus Bischof von Myra war . 78
Wir backen ein Pfefferkuchenhaus . . 97
Wir bekommen Besuch 110
Und das Kind hat hell gelacht 111
Wir zünden die Kerzen an! 119
Holt die Trommel 119

Springt, springt, springt 121
Zieht mit zum Kind 122
Danke für dein gutes Jahr 124
Sternsingerlied 127
Kleines Sternsingerspiel 128

NATURBEOBACHTUNGEN

Spaziergang im Winter: hart – weich . 30
Die Natur im Winter 36
Wo sind denn die Marienkäfer geblieben? 38
Spuren im Winter 48

RÄTSEL – RÄTSELGESCHICHTEN

Rätselgedichte 17
Rätsel 53
Der Nikolaus brachte Schuhe dir . . . 80

REZEPTE

Goldmaries Bratäpfel 24
Frau Holles Schneebälle 24
Schneemanns roter Glühpunsch . . . 24
Wir backen Spekulatius 84
Knusperzwerge 95
Bunte Pfefferkuchenfiguren 96
Pfefferkuchenhaus 97

SPIELE

(Würfelspiele, Kreisspiele u. a.)

Schneemannwürfelspiel: Wir malen einen bunten Schneemann 27
Was ist hart und was ist weich? 28
Weißt du wohl, was hart (weich) ist? . 29
Schneemann-Stempelspiel 34

Inhalt 10

Das fleißige Eichhörnchen 44
Wer ist so geschickt wie der Nikolaus? 81
Beim Krippenspiel 87
Wir legen Tiere und weihnachtliche Dinge mit dem Seil 111
Tastspiel mit Nikolaussäckchen . . . 112
Tastspiel mit den Früchten 112
Weihnachtliches Suchspiel mit Liedern 112
Kleines Sternsingerspiel 128

WORTERGÄNZUNGEN

Reimspiel 52
Gedichte, die zum Reimen reizen . . . 74

ZUNGENBRECHER

Zungenbrecher 84

1 Hurra – es schneit!

Vom Regentropfen, der gern eine Schneeflocke werden wollte	Erzählung – Geschichte	12
Winter-Lied	Lied	14
Der Winter	Gedicht	14
Was die Kinder zum Winter sagen	Gedicht	15
Schneeflocken fallen	Erzählung – Geschichte	16
Winter	Gedicht	16
Im Winterwald	Lied	17
Rätselgedichte	Rätsel	17
Der neue große Schlitten	Erzählung – Geschichte	19
Mal ein Bild vom Monat Dezember, Januar und Februar	Gedicht	21
Ein Schneemann, der nie schmilzt	Bastelvorschlag	23
Fensterschmuck und Schneekristalle	Bastelvorschlag	23
Goldmaries Bratäpfel	Rezept	24
Schneemanns roter Glühpunsch	Rezept	24
Frau Holles Schneebälle	Rezept	24

Vom Regentropfen, der gern eine Schneeflocke werden wollte

Xylophon, tiefe Töne.

Kinder ahmen das Geräusch der Regentropfen mit den Fingerkuppen nach. Klangstäbe – tropf, tropf, tropf.

Kinder blasen in die hohle Hand.

Schellentrommel

Triangel

Pitsch-patsch, richtiges Novemberwetter ist das! Die Kinder ziehen ihre Gummistiefel an und patschen mitten hinein in die tiefen Pfützen. Dicke graue Wolken hängen über der Stadt. Es regnet und regnet den ganzen Tag lang und noch einen und noch einen. – Martin steht am Fenster. „Mami, wann hört es endlich auf zu regnen?" ruft er. „Ich wünsch' mir doch zu Weihnachten Schlittschuhe und einen neuen Schlitten." „Wart nur", sagt die Mutter, „bis Weihnachten dauert es ja noch ein Weilchen!" – Oben in den Regenwolken sitzt ein kleiner Regentropfen. „Ich möchte so gern als Schneeflocke auf die Erde fallen", denkt er. „Martin und die anderen Kinder wünschen sich so sehr Schnee!" Er versteckt sich in der hintersten Ecke der Wolke und wartet und wartet.

Aber der Herbstwind schüttelt die Wolken durcheinander und pustet die Regenschauer auf die Erde.

„Laß das Brausen endlich sein,
Herbstwind, lauf nach Haus geschwind.
Schick uns Eis und Frost doch her
und den kalten Winterwind" ...

ruft das Regentröpfchen. Aber der Herbstwind will nicht hören. Er wirbelt die bunten Herbstblätter hoch, rüttelt an den Fensterscheiben und reißt die Eicheln und Kastanien von den Bäumen. Die neuen grünen Triebe der Krokusse und Schneeglöckchen, die sich schon hervorgewagt haben, seufzen, wenn der Herbstwind durch den Garten fährt. Sie schauen zu den Regenwolken hoch und rufen:

„Regenwolken, Regenwolken,
ach, bald tut der Frost uns weh.
Schickt uns eine weiße Decke,
bringt uns her den weichen Schnee."

Unter den Krokussen und Tulpen hat eine Mäusefamilie ihre Gänge gebuddelt. Die Mäusemutter hat sie mit Gräsern und Moos weich gepolstert. Sorgenvoll blickt sie vom Eingang ihrer Höhle hoch zu den dunklen Regenwolken. „Die Gänge werden bald ganz voll Wasser laufen", seufzt sie. „Ich fühle die kalte Nässe schon durch meinen Pelz hindurch. Wenn es doch bloß endlich schneien würde! Dann können wir gemütlich unsern Winterschlaf halten und haben es warm in der Höhle.

    „Dunkle Wolken, schwarze Wolken,
    schickt uns feinen weißen Schnee!
    Webt uns eine warme Decke,
    denn der Frost, der tut uns weh" ...

piepst die Mäusemutter. Der kleine Regentropfen hat alles gehört. „So, nun ist's genug", ruft er. Die Kinder, die Blumen, die Tiere, alle warten sie auf den Schnee. „Steig höher, Wolke!" bittet er. „Ich hör' schon den Winterwind über mir brausen. Er hat den Herbstwind fortgejagt!" Kälter und kälter wird es.

Kinder blasen sehr kräftig in die hohle Hand, hui-hui!

    „Her mit euch, ihr Regentropfen,
    zieht euch weiße Mäntel an.
    Und nun schwebt zur Erde nieder,
    daß es Winter werden kann" ...

heult der Schneewind. Mit vielen anderen Schneeflocken tanzt der Regentropfen zur Erde hinab. In der Nacht legt sich eine weiße Decke über den Garten, auf die Zäune und Dächer.
Als Martin morgens ans Fenster tritt, jubelt er: „Mami, nun kann ich bald Schlitten fahren! Hurra! Und wir können eine tolle Schneeballschlacht machen!

Winter-Lied

Text: Barbara Cratzius Melodie: Paul G. Walter

2. Kommt, wir wollen Schlitten fahren.
jeder Berg ist recht!
Wenn du meinst, wir würden frieren,
da kennst du uns schlecht!

3. Nun hinaus zum Schlittschuhlaufen!
Hört das Eis! Es kracht.
Und dann machen wir am Ende
eine Schneeballschlacht.

Der Winter

Der Winter kommt ganz leise
durch den Schnee gestapft.
In den Taschen hat er Eisblumen
und haucht sie an die Fenster.
Die Eiszapfen am Bart
hängt er an die Regenrinnen.

Dem See zieht er eine Decke über,
und die Mäuse und Maulwürfe
jagt er in ihre Löcher.
Die Krähen zwickt er unter die Federn,
daß sie hungrig krächzen.
Die letzten Blätter reißt er
von den Bäumen.

Aber für die Kinder
bringt er Schnee mit und polstert
die Kuhlen am Berghang aus,
daß sie nicht hineinplumpsen
mit ihren Schlitten.

Und er sagt zu Frau Holle:
Schüttle immer mehr Betten aus,
daß die Federn tanzen
und die Kinder ihre Schneemänner
bauen können,
einen großen dicken Schneemann
mit einer Mohrrübennase,
eine Schneefrau mit dem Besen
in der Hand
und Mutters altem Hut obendrauf
und ein Schneekind mit einem lustigen
bunten Schal.

Und im Winterwald?
Da zeigt er dem Förster
die schönsten Tannenbäume
für das Weihnachtsfest.

Was die Kinder zum Winter sagen

Bitte schick uns Schneeflocken,
immer mehr vom Winterhimmel herab,
Täler und Berge sollen sie zudecken,
damit wir unsre Schlitten rausholen können.

Und einen großen Schneemann wollen wir bauen,
mit drei dicken Kugeln.
Und Mutters alten Kochtopf oben drauf.

Und den See laß uns zufrieren immer mehr,
daß wir rübersausen können
mit unsern Schlittschuhen.

Dicke Eiszapfen sollst du an die Dachrinnen zaubern.
Schenk den Katzen einen dicken Winterpelz,
daß sie nicht frieren,
und laß die Vögel ordentlich sich aufplustern.
Gib dem Langohr eine warme Kuhle
und dem Igel ein tiefes Loch,
daß er nicht aufwacht,
mitten im kalten Winter.

Das ist ein richtiger fröhlicher Kinder-Winter, den diese Texte beschreiben. Kinder könnten viele lustige Bilder dazu malen: die Eiszapfen an der Dachrinne, Mäuse, die in ihre Löcher schlüpfen, Vögel auf den kahlen Zweigen, einen Igel, der unter einen Laubhaufen kriecht, die verschneiten Bäume, die „Schneemannfamilie", die lustige Schlittenfahrt und den bunt geschmückten Weihnachtsbaum.

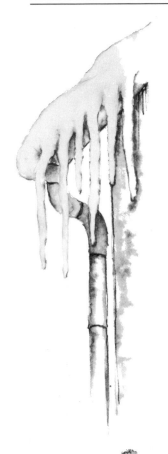

Schneeflocken fallen

Die Kinder im Kindergarten sitzen im Stuhlkreis. Es ist ganz still. Frau Sch. erzählt eine Geschichte. Draußen rüttelt der Wind an den Fenstern. Klatsch – schlagen die Regentropfen an die Scheiben. „Schade, daß ich meinen schönen bunten Regenschirm heute nicht mitgenommen habe", sagt Corinna. „Na, wartet nur ab, vielleicht schneit es, wenn ihr heute mittag nach Hause geht", lacht Frau Sch. – Wirklich – als die Kinder mittags aus dem Kindergarten nach Hause gehen wollen, schneit es in dichten Flocken.
„Wie kommt das?" fragt Jan, „heute morgen hat es noch so doll geregnet?" – Frau Sch. erklärt: „Wenn ihr auf's Thermometer schaut, könnt ihr sehen, daß es kälter geworden ist. Wenn die Flüssigkeitssäule einige Grade unter 0 gesunken ist, ist es oben in den Wolken so kalt, daß die Wassertropfen gefrieren. Sie pappen aneinander, und es entstehen Schneeflocken.
Für die Pflanzen ist der Schnee bei großer Kälte sehr wichtig. Wie eine warme Decke schützt sie der Schnee vor dem strengen Frost.
Wenn ihr Schneeflocken unter einem Vergrößerungsglas anschaut, sehen sie aus wie schöne weiße Sterne (Schneekristalle).

Winter

Eiszapfen
klirren an der Dachrinne.
Knirschend stapfe ich
durch den Schnee.
In die eisige Luft
hauche ich meinen Atem.
In die Stille
der leeren Straße,
stößt der klagende Schrei
eines hungrigen Vogels.

Im Winterwald

Text: Barbara Cratzius   Melodie: Herbert Ring

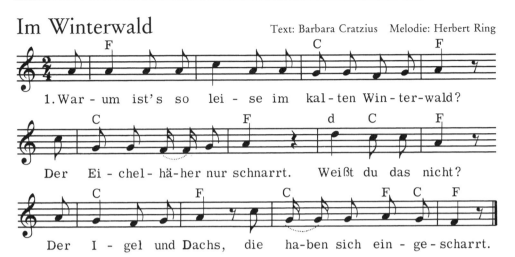

1. War-um ist's so lei-se im kal-ten Win-ter-wald?
   Der Ei-chel-hä-her nur schnarrt. Weißt du das nicht?
   Der I-gel und Dachs, die ha-ben sich ein-ge-scharrt.

2. Warum ist's so leise im kalten Winterwald? Und keiner brummt hier und summt? Weißt du das nicht? Der Käfer, der Wurm, die schlafen ganz vermummt.
3. Warum ist's so leise im kalten Winterwald? Wo sind der Maulwurf, die Maus? Weißt du das nicht? Die Erde, ganz warm, die ist ihr Winterhaus.
4. Warum ist's so leise im kalten Winterwald? Wo sind der Hamster, der Bär? Sonne, o Sonne, scheine doch warm, bring alle wieder her!

Rätselgedichte

Ich kenne einen Garten,
da geht es lustig zu.
Dort zwitschern keine Vögel,
doch singt es immerzu.

Sag, wann kannst du Beeren pflücken?
Wann ist es so richtig heiß?
Wann kannst du zum Baden gehen
und wann schleckst du Himbeereis?

Ich kenne einen Garten,
da geht es lustig zu.
Da jubeln laut die Kinder,
der Schneemann, der hört zu.

(Sommer)

(Kindergarten)

Rätselgedichte

Hui, der Wind bläst um das Haus,
heute gibt es Eis und Schnee.
Komm, wir hol'n die Schlittschuh raus,
laufen runter an den See.

Und ich stapfe über's Eis,
Blumen blühen nun nicht mehr.
Doch was blüht am Fenster weiß?
Wer bracht' uns die Blüten her?

Geh nur nicht so nah heran
mit dem warmen Atem, Kind.
Ob der Winter zaubern kann?
So – nun rate du geschwind!

(Eisblumen)

Kalt, kalt, kalt
weht von Norden scharf der Wind.
Sag mir, wann die Seen und Flüsse
alle zugefroren sind!

Wann könnt ihr den Schneemann
bauen?
Wann holt ihr den Schlitten her?
Fahrt die hohen Berge runter
immer wieder, immer mehr!   (Winter)

Schlittschuh braucht er nicht dazu,
doch läuft er übers Eis geschwind.
Wer das wohl erraten kann?
Ja, das ist der ...   (Wind)

Ein Mann steht an der Ecke
die ganze lange Nacht.
Er steht ganz still und ist ganz stumm.
hat ihm das Spaß ...?   (gemacht)

Es schneit in dichten Flocken,
das macht ihm gar nichts aus.
Der Sturm fegt um die Ecke
und saust und braust ums ...   (Haus)

Nun weckt ihn unsre Sonne
mit hellem warmen Schein.
Da läuft und läuft und läuft er.
Saus los und fang den ..

(Schneemann ein)

Was braucht keinen Hafer,
ist doch schnell wie ein Roß?
Was kann gar nicht schnauben,
was ist denn das bloß?
Was läßt uns stolz reiten
über Stock, über Stein?
Das kann doch im Winter
der ... nur sein!   (Schlitten)

Unsre Straße ist voll Eis,
Zaun und Dächer fun-
keln ...   (weiß)

Los – wir schliddern auf dem See,
und wir rodeln auch im ...   (Schnee)

Und am Schluß – so komm und schau –
baun wir dem Schneemann eine ...!

(Frau)

Der neue große Schlitten

„Mami! Schau mal aus dem Fenster!" ruft Ulf. „Ich hab mir so sehr gewünscht, daß es vor Weihnachten noch richtig doll schneien wird! Da – unser Auto, das muß Papi erst mal freischippen. Und die Tanne im Garten! Die ist auch ganz zugeschneit! Eine richtige Weihnachtstanne ist das geworden!
Heute nehme ich den großen neuen Schlitten mit in den Kindergarten. Wir gehen bestimmt auf den Rodelberg!"
Am liebsten möchte Ulf gleich losrennen. „Mami, im letzten Jahr hat es so wenig Schnee gegeben. Ich hab' nur viermal Schlitten fahren können nach Weihnachten. Immer ist der Schnee ganz schnell weggetaut!
Heute will ich dauernd auf dem Bauch fahren! Und richtige Kurven steuern! Ich laß' auch keinen anderen auf den Schlitten. Allein macht es immer am meisten Spaß."
Draußen schneit es noch immer. Wie ein dichter weißer Vorhang sieht das aus. An der Ecke wartet schon Peter mit seinem kleinen Schlitten. Rafael, der Neue aus Spanien, steht frierend daneben.
„Wo hast du denn deinen Schlitten?" fragt Ulf. „Bei uns zu Haus kein Schnee", sagt Rafael. „Mami sagt, Schlitten erst zu Weihnachten, jetzt teuer, Schwestern Schuhe und Mützen brauchen."
Er schaut prüfend auf Ulfs schönen neuen Schlitten. „Du – dein Schlitten prima! Groß! Gut! Gut!"
Gegen Mittag laufen die Kinder zum Abhang hinter dem Sportplatz. „Eine richtige Schlittenbimmelbahn ist das", lacht Ulf. „Oben auf dem Berg drängeln sich die Kinder. „Los, ich war zuerst da! Mach schon!" schreit Ulf ungeduldig. Schon saust er auf dem Bauch den Abhang hinunter, immer schneller und schneller. Die Kinder kreischen begeistert, wenn der Schlitten über einen kleinen Erdhügel springt.

Etwas abseits steht Rafael. „Willst du nicht mal mit ihm runterfahren?" fragt die Erzieherin. „Ah, vielleicht nachher!" meint Ulf zögernd. „Erstmal muß ich noch viermal allein fahren, das bringt mehr Bock – so allein auf dem Bauch! Ich krieg auch viel mehr Fahrt drauf."
„Komm, Rafael, bei mir kannst du mal mitfahren", sagt Peter großzügig. „Wenn wir überhaupt beide raufpassen", setzt er hinzu. Die beiden drängen sich auf dem kleinen Schlitten eng zusammen. „Vorsichtig! Halt dich fest! Kurve!" schreit Peter. Aber da ist der Schlitten schon umgekippt, und beide liegen prustend im Schnee.
„Na komm, Rafael! Einmal kannst du auch mit mir runterfahren!" ruft Ulf.
„Weg da! Bahn frei!" schreit er. Schneller und schneller wird die Fahrt. Sie fliegen nur so dahin über die kleinen Erdhügel. „Toll", ruft Rafael begeistert. „Du – so weit bin ich noch nie gekommen! Bis zur großen Tanne! Das hab ich allein nicht geschafft!" freut sich Ulf, als sie glücklich unten ankommen.
„Komm, ich helf dir den Schlitten wieder hochziehen", sagt Rafael. Seite an Seite stapfen sie den Berg hoch.
„Du, Schnee prima! Schlitten prima!" ruft Rafael. „Eigentlich bringt es zu zweien doch noch mehr Spaß", denkt Ulf.
„Kommst du heute nachmittag wieder rodeln?" – „Prima", sagt Rafael vergnügt.

Mal ein Bild vom Monat Dezember, Januar und Februar

Hol Papier und Stifte her,
der DEZEMBER lädt dich ein,
alle wollen Bilder haben,
und du mußt ganz fleißig sein!

Engel, Schafe und die Hirten
und der Stall mit gold'nem Stern,
auch Kamele, Esel, Pferde,
und die Könige von fern.

Niklaus mit dem großen Schlitten,
bunt geschmückt der Tannenbaum.
Niklaus, alle Kinder bitten!
Kommst du auch nicht nur im Traum?

Schlepp den großen Sack, den schweren
doch recht bald in unser Haus!
Schöne Bilder will ich malen,
sei ein fleiß'ger Nikolaus!

Mal ein Bild vom JANUAR,
Januar ist schwarz und weiß.
Siehst du, wie die vielen Kinder
Schlittschuh laufen auf dem Eis!

Und nun mal mit großen Kreisen
aufs Papier ein Schneemannkind.
Mit der roten Rübennase
steht er da im Winterwind.

Du kannst auch noch Vögel malen
und ein großes Vogelhaus.
Meisen, Spatzen, Amseln, Finken
fliegen hungrig ein und aus.

Mal ein Bild vom Januar,
weiß und kalt ist unsre Welt.
Komm und mal mit vielen Farben
nun dein Bild, wie dir's gefällt.

Mal ein Bild vom FEBRUAR,
Februar, der ist ganz bunt,
mal Indianer, Maus und Tiger
und den Clown, so dick und rund.

Mal die Cowboys mit dem Lasso
und die Katz mit langem Schwanz,
mal den Teufel mit der Tatze
und die Königin beim Tanz.

Mal den Zaubrer mit dem Hute
und die Hex mit langem Haar.
Max und Moritz mit Girlanden
so – das ist dein Februar.

Schau – das ist der Faschingsmonat,
bunt und froh ist unsre Welt.
Luftballons und Lärm und Lachen,
mal dein Bild, wie dir's gefällt.

Ein Schneemann, der nie schmilzt

Schneide von einer Rolle weißem Kreppapier sechs 3 cm breite Streifen ab.

Beginne mit dem Kopf: Wickle einen Streifen Kreppapier fest zu einer Rolle auf und klebe das Ende des Streifens fest.
Die Rollen für den Rumpf müssen dicker werden, deshalb wickle jetzt eine Rolle aus zwei Streifen und eine Rolle aus drei Streifen auf.
Setze alle drei Rollen aufeinander und klebe sie fest.
Jetzt bekommt der Schneemann einen Hut aus einem Halbkreis aus Tonpapier.
Schneide Augen und Knöpfe aus schwarzem Tonpapier und eine Spitze „Wurzelnase" aus rotem Tonpapier aus.
Zum Schluß binden wir einen „Besen" aus kleinen Zweigen für unseren Schneemann.

(E. Scharafat)

Fensterschmuck

Material:
schwarzes Tonpapier
farbiges Transparentpapier

Quadrate aus Tonpapier nach der Fenstergröße berechnen. Die doppelt gefalteten Quadrate nur von den beiden Bruchkanten aus einschneiden und mit Transparentpapier hinterkleben.

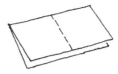

(G. Erhardt)

Schneekristalle

Material:
weißes Durchschlagpapier oder Seidenpapier

Ein Quadrat dreimal falten, so daß ein Dreieck entsteht. Von der offenen Seite her ein gezacktes Stück herausschneiden, die Bruchkanten bleiben stehen.

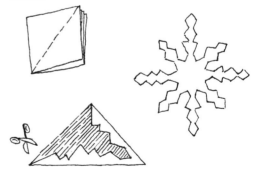

Wird der Fensterschmuck mit Tapetenkleister an die Scheibe geklebt, läßt er sich später wieder mühelos entfernen.

(G. Erhardt)

Goldmaries Bratäpfel

Ihr braucht:
6 mittelgroße Äpfel – gut geeignet sind Boskop, Cox Orange oder Jonathan – 50 g Butter, 50 g Honig, 1/2 Teelöffel Zimt, 2 Eßlöffel geriebene süße Mandeln, 2 Eßlöffel Rosinen, 1/2 l Milch, etwas Zucker, Vanillesoßenpulver.
Wascht die Äpfel gut und trocknet sie ab. Nun stecht ihr vorsichtig das Kerngehäuse heraus. Dann erwärmt ihr die Butter und gebt sie zusammen mit dem Honig, dem Zimt und den geriebenen Mandeln in eine Schüssel. Schlagt alles gut durch. Dann fügt ihr die Rosinen hinzu. Mit einem Teelöffel füllt ihr die Masse in die Apfelhöhlen. Nun pinselt ihr eine Backform mit Fett aus, stellt vorsichtig die gefüllten Äpfel hinein und schiebt sie in die angewärmte Röhre. Laßt sie 15 bis 20 Minuten backen. In der Zwischenzeit bereitet ihr nach Vorschrift die Vanillesoße. Ihr serviert die heißen Äpfel zusammen mit der Vanillesoße.
Hört, was euch die Äpfel zuflüstern!

*Die Goldmarie ganz fleißig war,
holt uns heraus, wir sind schon gar!*

Frau Holles Schneebälle

Ihr braucht:
100 g Mandeln, 180 g Feigen, 100 g Rosinen, 100 g Vollkornhaferflocken, 2 bis 3 Eßlöffel Honig, Kokosraspeln.
Im Mixer werden die Feigen und Rosinen zerkleinert. Dann mischt ihr die gemahlenen Mandeln, die Haferflocken und den Honig darunter und verknetet alles zu einem weichen Teig. In den Kokosraspeln werden die „Schneebälle" gewälzt. Dann laßt ihr sie trocknen.
Und was erzählen die Schneebälle?

*Frau Holle schüttelt die Betten aus,
macht weiß den Zaun, den Baum, das Haus.*

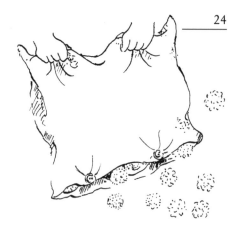

Schneemanns roter Glühpunsch

Ihr braucht:
1 Flasche Kirschsaft oder andere rote Fruchtsäfte oder roten Früchtetee. 1 Stückchen Stangenzimt, 1 Nelke, 1 Zitrone oder Apfelsine (ungespritzt), Honig (zum Abschmecken).
Gebt den Saft mit der Nelke, der Zimtstange und einigen Zitronen- (Apfelsinenscheiben) in einen Topf und erwärmt ihn. Dann schmeckt ihr mit Honig ab und nehmt die Zitronenschale, die Nelken und die Zimtstange heraus. Nun füllt ihr das heiße Getränk in Gläser (Vorsicht, Löffel hineinstellen) und schmückt sie mit eingeschnittenen Zitronenscheiben. Besonders hübsch sieht es aus, wenn ihr vorher die Glasränder mit Zitronensaft bestreicht und in Hagelzucker taucht – wie ein Schneerand wirkt das. Und was sagt der Schneemann dazu?

*Macht mir den Glühpunsch
nicht zu heiß,
ich halt mich lieber
an Schnee und Eis.*

2 Wir spielen im Winter

Der Schneemann bekommt ein buntes Kleid	GEDICHT	26
Tanz der Schneeflocken	KLANGSPIEL	26
Schneemannwürfelspiel:		
Wir malen einen bunten Schneemann	SPIEL	27
Was ist hart und was ist weich?	SPIEL	28
Weißt du wohl was hart (weich) ist?	GEDICHTE	29
Spaziergang im Winter: hart – weich	NATURBEOBACHTUNG	30
Schneeflocken und Hagelkörner	SPIEL	30
Apfel (Birne) treffen	SPIEL	30
Im Winter	LIED	31
Schneewolke mit Flockenketten	BASTELVORSCHLAG	32
Pappmaché-Schneemänner	BASTELVORSCHLAG	33
Schneemann-Stempelspiel	BILDHAFTE DARSTELLUNG	34

Der Schneemann bekommt ein buntes Kleid

Nach der Melodie: „Ein Männlein steht im Walde", singen die Kinder:

Ein Mann steht vor dem Hause
ganz still und stumm.
Der Mann dort vor dem Hause
dreht sich nicht um.
Lieber weißer Schneemann du,
wart, wir geben keine Ruh.
Du bekommst ein buntes, ein schönes
Kleid.

Der Mann steht vor dem Hause
auf einem Bein.
Nun soll er nicht mehr länger
so ganz weiß sein.
Warte, lieber Schneemann du,
Mütze, Schürze, bunter Schuh,
alles wolln wir malen und basteln fein.

Zunächst wird ein schöner, großer Schneemann gebaut. Die Kinder werden begeistert mithelfen, den Schneemann bunt anzuziehen. Bunt bemalte Blechdosen können als „Schuhe" in den Schnee gedrückt werden. – Ein großer fester Pappbogen wird mit Plakafarbe angemalt und dem Schneemann als Schürze umgebunden. Lange Papierstreifen werden rot oder braun angemalt und als Haare und Bart in den Schnee gedrückt. Der Schneemann bekommt einen verzierten Waschmittelbehälter als Hut aufgesetzt. Angemalte Pappscheiben (Bierdeckel) können als Augen und Knöpfe verwendet werden.

Tanz der Schneeflocken

Das Glockenspiel oder Triangel (von Kindern oder der Erzieherin gespielt) oder eine lustige Tanzmusik von der Kassette begleiten das Tanzen und Schwirren der Schneeflockenkinder durch den Raum. Ein oder mehrere Kinder sind der Eiswind bzw. Frau Holle. Wenn der Eiswind eine Schneeflocke berührt, muß sie erstarren. Frau Holle kann die Eisstarre lösen, indem sie das Kind zart um die eigene Achse dreht; dann kann das Schneeflockenkind weitertanzen. Nach einer Weile werden die Rollen gewechselt.

Verlauf des Spiels: Zunächst erklärt die Erzieherin den Kindern das Spiel. Sie kann zu Beginn das Schneeflockenlied vorsingen und dabei die Kinder, die Frau Holle und den Eiswind spielen sollen, antippen. Alle anderen Kinder sind Schneeflocken.

Schneeflockenlied (nach der Melodie: „Schneeflöckchen, Weißröckchen")

Schneeflöckchen, Weißröckchen,
wir kommen geschneit.
Wir tanzen, wir schweben,
der Weg ist so weit.

Der Eiswind, der Eiswind,
der bläst von den Höhn.
Er packt uns ganz böse,
dann bleiben wir stehn.

Frau Holle, Frau Holle,
aus dem Wolkenhaus.
Sie schüttelt uns alle
auf die Erde hinaus.

Schneemannwürfelspiel: Wir malen einen bunten Schneemann

Schneemann, Schneemann, weiß und rund.
Du sollst ganz lustig werden, du wirst ganz bunt!

Mitspieler: Zwei Kinder oder mehr.

Wir brauchen einen Würfel mit Punkten, einen Farbwürfel, Filzstifte und für jedes Kind ein Blatt mit einem Schneemann. Das Schneemannbild kann hektographiert, eventuell vergrößert und auf Pappe geklebt werden. Die Erzieherin oder die Kinder können auch selbst einen Schneemann mit den entsprechenden Punkten aufmalen. Nun würfelt der erste Spieler und erhält eine Zahl und eine Farbe. Er sucht in seinem Schneemann den Teil aus, der die gleiche Punktzahl zeigt und malt ihm die gewünschten Farben an. Inzwischen darf der zweite Spieler würfeln und malen. So wird die Reihe fortgesetzt. Es entstehen viele unterschiedliche Schneemänner.
Dasselbe Spiel kann z. B. auch mit einem Tannenbaum gespielt werden.

Was ist hart und was ist weich?

Die Kinder sitzen im Kreis. Sie dürfen sich nicht umdrehen. Die Arme sind hinter dem Rücken verschränkt. Die Erzieherin geht außen um den Kreis herum. Sie trägt ein Säckchen mit Kieselsteinen und ein Säckchen mit Watte und Wolle.
Sie ruft:

Was ist hart und was ist weich?
Faß es an, dann weißt du's gleich.

Sie bleibt bei einem Kind stehen und fragt: „Ist das Säckchen hart oder weich?" Das Kind befühlt das Säckchen. Auf die Antwort: „hart" ruft die Erzieherin:

Wir wollen einen Schneemann bauen,
hart und fest, so soll er sein.
Und die schwarzen harten Kohlen
stecken wir am Schluß hinein.

Die Kinder können den Schneemann pantomimisch mitbauen.

Harte Steine sind die Knöpfe,
hart ist auch der lange Stecken.
Könnt ihr noch mehr harte Sachen
hier im Raum bei uns entdecken?

Die Kinder nennen viele „harte Sachen" aus der näheren Umgebung (Stühle, Wände, Bauklötze, Spielautos, Holzkästchen, Puppenhaus, Türen, Fenster).
Bei der Antwort „weich" ruft die Erzieherin:

Weich ist hier die weiße Watte,
und der Bär in deinem Arm.
Alle deine Kuscheltiere
sind so lieb und weich und warm.

Die Kinder können pantomimisch mit den Kuscheltieren schmusen.

Auch das kleine weiße Schäfchen
hat ein weiches Schmusefell.
Weißt du noch mehr weiche Sachen
hier im Raum, dann sag es schnell.

Die Kinder nennen „weiche Sachen" (Puppen, Kissen, Puppenbetten, die verschiedenen Tiere, Decken ...).
Wenn das Spiel nochmals wiederholt wird, werden einige Kinder die Verse schon mitsprechen können.

Weißt du wohl, was hart ist?

Der Hagel schlägt uns ins Gesicht
wie harte kleine Steine.
Doch macht mir das heut gar nichts aus,
glaubt nur nicht, daß ich weine.

Heut woll'n wir mit dem Schlitten fahr'n,
der Schnee ist hart gefroren.
Der Sturmwind saust den Berg hinab
und zwickt uns an den Ohren.

Nun laufen wir nach Haus zurück,
kommt – laßt uns einen Schneemann bauen.
Ein harter Stock, das ist sein Mund,
er lacht – noch wird es ja nicht tauen!

Zwei Kohlen soll'n die Augen sein,
und in die Seite kommt der Stecken.
Ich seh noch mehr so harte Sachen,
du wirst sie sicher auch entdecken.

(Eiszapfen, Schneebälle, Schlittschuhe)

Diese beiden Rätselgedichte können ebenfalls beim Spiel: „Sag mir doch, was hart (weich) ist" eingesetzt werden.

Weißt du wohl, was weich ist?

Nun liege ich im weichen Bettchen,
und der Mond scheint zu mir rein.
Alle meine Kuscheltiere
wolln ganz nahe bei mir sein.

Lieber brauner Teddybär,
du bist so schön und weich und warm.
Kuschel dich an meine Seite,
ich nehme dich in meinen Arm.

Und du, mein weißes liebes Häschen,
hast ein weiches Schmusefell.
Du schläfst bei mir hier auf der Decke,
komm doch her zu mir ganz schnell!

Nun rolle ich mich in mein Kissen.
Sandmännchen schon streut seinen Sand.
Alle meine Tiere schlafen,
und ich halt Mutters weiche Hand.

Spaziergang im Winter: hart – weich

Bei einem Winterspaziergang werden die Kinder draußen vor allem „harte Sachen" entdecken. Die Erzieherin läßt die Kinder fühlen und vergleichen – der harte Baumstamm, das harte Holz des Baumes, der harte Eiszapfen, die harten Schlittschuhe, die harten Kufen des Schlittens, die harten Kieselsteine, das harte Eis – der weiche Mantel, der weiche Schal, die weichen Wollhandschuhe, die weiche kleine Wollmaus in der Tasche, der frischgefallene weiche Schnee.

Schneeflocken und Hagelkörner

Dieses Spiel eignet sich gut dazu, Beobachtungen beim Flockenfall aufzugreifen. Die Kinder verfolgen am Fenster das leise Niederschweben des Schnees. Sie berichten auch von Erfahrungen mit dem „bösen Hagel". Mit dem bekannten Schneeflockenlied kann die Erfahrung mit Schnee noch einmal aufgegriffen werden:

> Schneeflöckchen, Weißröckchen,
> wann kommst du geschneit?
> Du kommst aus den Wolken,
> dein Weg ist so weit.

Danach singen die Kinder auf die gleiche Melodie:

> Hagelkörner wie Steine
> im dunklen Winterwald.
> Ihr springt und ihr poltert,
> ihr seid hart und so kalt.

Die Erzieherin läßt eine weiße Feder langsam zu Boden gleiten. Die Kinder versuchen, mit dem Körper pantomimisch das leise Niedergleiten nachzuahmen, bis sie ausgestreckt auf dem Boden liegen. Dazu kann ganz leise das Triangel angeschlagen werden. Danach läßt sie einen Kieselstein herunterfallen. Die Kinder lassen sich geräuschvoll zu Boden „plumpsen", bis sie wieder lang ausgestreckt daliegen. Dazu kann ein Klangstab angeschlagen werden.
Nach diesen Vorübungen kann das Laufspiel beginnen. Die Kinder laufen frei durch den Raum und singen das Schneeflockenlied. Auf ein Klangsymbol (Triangel oder Klangholz) bleiben die Kinder stehen und lassen sich entsprechend laut oder leise auf den Boden gleiten. Auf ein weiteres Klangsymbol (Becken oder Handtrommel) beginnen die Kinder wieder frei im Raum herumzulaufen.

Apfel (Birne) treffen

Ihr baut euch einen schönen großen Schneemann. Auf den Kopf setzt ihr ihm einen alten Eimer oder einen alten Kochtopf. Dann legt ihr einen Apfel oder eine Birne oben drauf. Nun stellt ihr euch in einer Reihe in einer bestimmten Entfernung, etwa 8 bis 10 Meter auf. Wer den Apfel getroffen hat, bekommt einen Preis. (Lebkuchen)

Im Winter

Text: Barbara Cratzius Melodie: Paul G. Walter

1. Ker-zen-gra-de steigt der Rauch. Ri-ra-Rauch, ri-ra-Rauch, in den blau-en Him-mel. Weiß sind Berg und Stra-ßen auch un-term blau-en Him-mel.

2. Keiner bleibt heut mehr zu Haus.
   Hi-ha-Haus, hi-ha-Haus. Holt heraus den Schlitten!
   Kommt doch schnell zum Berg hinaus
   unterm blauen Himmel.

3. Schlittenfahren auf dem Bauch.
   Bi-ba-Bauch, bi-ba-Bauch. Hoppla, immer schneller!
   Bums, da lieg ich unterm Strauch,
   über mir der Himmel.

BASTELVORSCHLAG

Schneewolke mit Flockenketten

Material:
blauer Fotokarton
weißer Wollfaden, Nadel
Watte oder Styroporchips
Klebstoff

Aus dem Fotokarton wird eine kleine Wolke ausgeschnitten (Ø etwa 20 cm). Für die Schneekette werden zuerst viele kleine Schneebällchen aus Watte geformt, oder wir verwenden Styroporchips.
In eine nicht zu kleine Nadel wird ein weißer Wollfaden von ca. 30 cm Länge eingefädelt. Knoten am Fadenende nicht vergessen!
Beim Auffädeln der Flocken auf etwa gleiche Abstände achten.
Die beiden fertigen Ketten werden links und rechts unten durch die Wolke gezogen und verknotet.
Schließlich wird die Wolke an einem Faden aufgehängt, welcher in der oberen Mitte durch das Papier gezogen wurde. (Diese Aufhängung könnte auch aus dünnem, schwarzen Garn oder Nylon bestehen, damit die Wolke zu schweben scheint!).
Wer Lust hat, klebt auch noch einige Schneeflocken auf die Wolke.

(U. Weber)

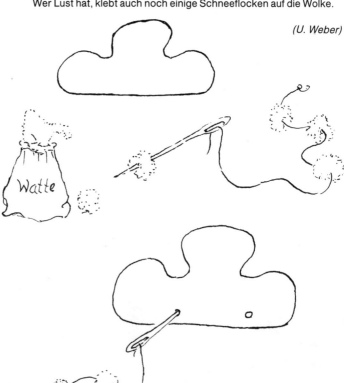

Pappmaché – Schneemänner

Material:
Eierkarton, Kleister, Wasser

Pappmaché:

Eierkartons in kleine Stücke reißen und mit Wasser und aufgerührtem Kleister vermengen. Die Pappe muß gut durchfeuchtet sein. Die Masse zwei Tage stehen lassen; zwischendurch immer wieder mal durchkneten und evtl. etwas Wasser nachgießen.

Schneemänner:

Material:
Pappmaché
Seidenpapier schwarz und rot
kleiner Zweig
1 Eierkartonhütchen
Plakafarbe schwarz, Pinsel, Klebstoff

Für jeden Schneemann zwei bis drei verschieden große Kugeln formen. Diese der Größe nach aufeinandersetzen. In die untere größte Kugel einen kleinen Zweig als Besen stecken.
Der Schneemann muß vor der endgültigen Fertigstellung *einige Tage* trocknen! (Schneller geht es auf der Heizung oder im Backofen.) Ist der Körper getrocknet, bekommt der Schneemann Knöpfe, Augen, Nase und Mund aus Seidenpapierkügelchen aufgeklebt.
Der Hut wird aus einem Eierkarton zurechtgeschnitten, mit schwarzen Seidenpapierkügelchen beklebt oder mit Plakafarbe bemalt und dann auf den Kopf des Schneemanns geklebt.

(U. Weber)

Schneemann – Stempelspiel

Material:
Tonpapier blau oder rot
weiße Malfarbe
Korken
Bleistift, Würfel
schwarze und rote Tonpapierreste, Klebstoff

Auf ein Blatt (etwa DIN A 4) wird aus zwei Kreisen der Umriß eines Schneemanns gezeichnet.
Jeder Mitspieler erhält ein solches Blatt, dazu einen Korken und ein kleines Schälchen mit weißer Farbe.
Nun wird gewürfelt.
Jeder Spieler darf die gewürfelte Augenzahl in Stempelabdrücke für seinen Schneemann umsetzen. Dazu wird der Korken in die weiße Farbe getaucht und anschließend zum Schneemann-Ausstempeln benutzt. Am Außenrand beginnen!
Ist die Fläche ausgefüllt, müssen wir warten, bis die Farbe getrocknet ist. Dann bekommt der Schneemann Knöpfe, Augen, Mund und Nase aus Tonpapier aufgeklebt. Hut und Besen – ebenfalls aus Tonpapier – vervollständigen ihn.

(U. Weber)

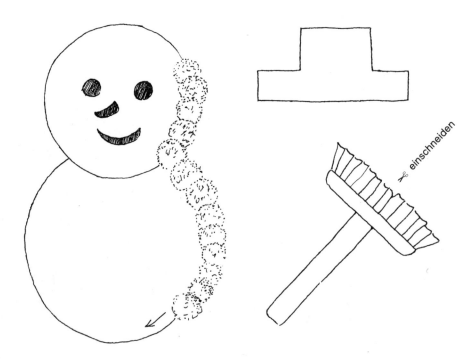

3 Tiere im Winter

Die Natur im Winter	Naturbeobachtung	36
Wo sind denn die Marienkäfer geblieben?	Erzählung – Geschichte	38
Tiere im Winter	Gedicht	38
Vom Igel, der keinen Winterschlaf halten wollte	Erzählung – Geschichte	40
Wie das fleißige Mäuschen den Hasen einen warmen Winterpelz genäht hat	Spiel	43
Das fleißige Eichhörnchen	Würfelspiel	44
Wir holen die Tiere ins Häuschen	Spiel	46
Spuren im Winter	Gedicht	48
Schau, ein kleines Mauseohr!	Lied	49
Fünf Igelkinder trippeln durch das Gras	Fingerspiel	50
Das Bärenspiel im Winter	Spiel	51
Wo hab ich nur die Nuß versteckt?	Spiel	51
Reimspiel	Spiel	52
Rätsel	Rätsel	53
Vogelhaus mit drei Vögeln	Bastelvorschlag	54

Die Natur im Winter

Zum Thema „Tiere im Winter" werden eine Reihe von Spielvorschlägen, Lieder und Geschichten angeboten. Zur Sachinformation werden hier einige Hinweise gegeben.

Bei gemeinsamen Spaziergängen im Winter können wir mit den Kindern viel entdecken und auf ihre Fragen eingehen. Wir beobachten die aufgeplusterten Vögel in den kahlen Ästen, wir freuen uns an den Vögeln im Futterhäuschen, wir stellen fest, daß die Katzen ein warmes Winterfell bekommen, wir entdecken Tierspuren im Schnee und wundern uns, daß wir keine Insekten (Schmetterlinge, Marienkäfer, Bienen) sehen, wir füttern Enten, Möwen und andere Wasservögel an den offenen Stellen im Wasser, wir überlegen, wie die Fische unter dem Eis überleben.

1. Die Laubbäume erhalten im Winter durch den gefrorenen Boden keine Wasser- und Nährstoffzufuhr. Der Baum zieht die Nährstoffe, die in den Blättern sitzen, in den Stamm und die Äste zurück. Die Blätter werden gelb und fallen ab.

2. Viele Tiere (Katze, Hase, Fuchs) bekommen im Winter ein warmes Winterfell, dem Schneehasen, Schneehuhn und Hermelin wächst ein weißes Winterschutzfell.

3. Manche Tiere drängen sich eng aneinander, um sich zu wärmen (z. B. Zaunkönig, Elster, Marienkäfer).

4. Im Herbst, wenn es reichlich Nahrung gibt, legen sich die Tiere ein Fettpolster zum Schutz gegen die Kälte zu. Viele Tiere legen sich auch einen Wintervorrat an (Eichhörnchen, Eichelhäher, Hamster).

5. Manche Tiere halten Winterruhe. Im tiefen Schlaf verlangsamt sich der Stoffwechsel, das Tier braucht weniger Energie und kann mit seinem Fettpolster den Winter überstehen (z. B. Igel, Hamster, Haselmann, Siebenschläfer).

6. Einige Tiere halten keinen Winterschlaf, sondern Winterruhe. Bei ihnen sinkt die Körpertemperatur nicht nennenswert ab, die Winterruhe wird öfter zur Nahrungsaufnahme unterbrochen (z. B. Eichhörnchen).

7. Wechselwarme Tiere, z. B. Schlange, Frösche, Eidechse, Schnecken überwintern in totalem Starrezustand. Sie können sich nicht mehr bewegen und kaum noch atmen.

8. Das Wasser unter dem Eis behält eine Temperatur von vier Grad plus. Die Körper der Fische werden starr vor Kälte, aber sie können in diesem Zustand überleben. Manche Fische graben sich in den Schlamm ein.

Wo sind denn die Marienkäfer geblieben?

Im Park sind die Wege dick verschneit. Der See ist fast ganz zugefroren. Die Kinder aus dem Kindergarten gehen heute mit der Erzieherin ans Wasser, um die Schwäne und Enten zu füttern. Die Möwen balgen sich schreiend um die Brotbrocken. „Komisch," sagt Marc, „Möwen und Krähen und Amseln sind im Winter da, aber wo sind bloß die Marienkäfer und Bienen und Schmetterlinge und Mücken? Ob die alle tot sind?"
„Viele von den kleinen Tieren sterben, wenn der Sommer zu Ende geht," erklärt die Erzieherin. „Doch sie haben noch rechtzeitig die Eier abgelegt, die überstehen den Winter. Marienkäfer und Schmetterlinge verkriechen sich unter alten Blättern und Baumrinden. Und die Bienen ziehen sich in ihren Bienenstock zurück. Da haben sie Honig für den Winter gesammelt. Die Ameisen krabbeln in ihre Gänge tief in der Erde. Und die Haselmäuse und Igel und Murmeltiere halten Winterschlaf. Sie haben sich im Herbst ordentlich satt gefressen. Nun rollen sie sich zusammen und atmen kaum noch. Sie wachen erst aus ihrem Winterschlaf auf, wenn es draußen wieder warm ist."

Tiere im Winter

Die folgenden Verse können als Fingerspiele, als Bewegungs- und Klangspiele dargestellt werden. Beim Bewegungsspiel vollführen die Kinder die angesagten Bewegungen (starr werden, ins Loch kriechen, fortfliegen, sich aneinanderkuscheln) und tanzen bei der letzten Strophe fröhlich herum. Um alle Kinder zu beteiligen, kann die erste Zeile (Hu, hu, es braust der Winterwind) von allen Kindern mitgesprochen werden.

Wißt ihr, was die Tiere machen
im Winter, bei Eis und Schnee?
Das wollen wir euch jetzt erzählen,
der Winter, der tut den Tieren weh.

Hu-hu – so braust der Winterwind,
der Katze wächst das Fell ganz dicht.
Das schützt sie und das hält sie warm,
sie braucht zu frieren nicht.

Hu-hu – so braust der Winterwind,
die Maus kriecht in ihr Loch hinein.
Da knabbert sie die Haselnuß
und schläft ganz ruhig ein.

Hu-hu – so braust der Winterwind,
der Igel frißt sich noch mal voll,
dann kriecht er tief ins welke Laub,
wo niemand ihn dann wecken soll.

Hu-hu – so braust der Winterwind,
die Fledermaus schläft unterm Dach.
Da träumt sie ihren Wintertraum,
und niemand macht sie wach.

Hu-hu – so braust der Winterwind,
die Murmeltiere halten Ruh.
Sie kuscheln sich tief in die Erde ein
und machen die Augen zu.

Hu-hu – so braust der Winterwind,
der Bär hält seine Höhle warm.
Bald kommt das Bärenkind zur Welt,
das nimmt er lieb in seinen Arm.

(kleine Bären werden im Winter geboren)

Hu-hu – so braust der Winterwind,
die Bienen fliegen ins Bienenhaus.
Da gibt es Honig wohl genug,
im Frühling fliegen sie wieder heraus.

Hu-hu – so braust der Winterwind,
das Eichhörnchen muß ganz fleißig sein.
Es gräbt Kastanien und Zapfen und Nüsse
ganz tief in die Erde hinein.

Hu-hu – so braust der Winterwind,
die Schnecke wird ganz starr und stumm.
Sie macht ihr kleines Haus fest zu,
wann ist der böse Winter wohl um?

(Die Schnecken verschließen ihr Haus im Winter mit Schleim)

Hu-hu – so braust der Winterwind,
die Fische werden starr im See.
Sie sind ganz steif, bewegen sich kaum,
so kalt ist der Winter, oh weh, oh weh!

Hu-hu – so braust der Winterwind,
die Vögel fliegen ins Futterhaus.
Ihr Menschen, o wir frieren sehr,
so streut uns viele Körner her!

Hu-hu – so braust der Winterwind,
die Zugvögel fliegen übers Land,
nach Afrika weit übers Meer,
in heiße Sonne und warmen Sand.

Akustische Signale: Triangel, Klangstäbe

Nun horcht – da weht der Frühlingswind!
Ihr Tiere – kommt herbei geschwind!
Heraus aus eurem dunklen Haus,
der böse Winter ist bald aus.

Vom Igel, der keinen Winterschlaf halten wollte

Klangsymbol
(Zymbel)

(Holzstäbe)

Klangsymbol

Hinter dem Waldrand geht die Sonne unter. Die Bäume werfen lange Schatten. Die Dämmerung legt sich wie ein großes graues Tuch über die Wiesen. Jetzt ist es Zeit für die Igelfamilie. „Kommt", sagt die Igelmutter zu ihren fünf stacheligen Igelkindern. „Kriecht raus aus eurem Laubversteck. Ihr müßt euch noch einen richtig schönen dicken Igelbauch anfressen, bevor es Winter wird."

Die kleinen Stachelbälle kugeln sich durch das dichte Gras. Trippel, trippel, Spitzschnäuzchen ist immer der erste. Wupp – da hat er schon eine saftige Heuschrecke erwischt. Schwarzäuglein trippelt hinter einem schwarzen Käfer her. Und Kurzöhrchen wartet auf den fetten Regenwurm, der sich aus der Erde herauswindet.

Die beiden anderen Igelkinder laufen ganz dicht neben der Mutter her. „Los", brummt die Igelmutter, „seid nicht so faul. Noch gibt es genug Nacktschnecken und Eidechsen, Grillen, Frösche und Mäuse." Dann piept sie mahnend:

„Der Winter kommt, der Winter kommt
mit Sturm und Schnee und Eis.
Nun freßt euch rasch noch richtig satt,
bald ist die Welt ganz weiß.

Kommt – trippelt durch das braune Laub
und sucht euch Schneck und Maus.
Dann kriecht ihr satt und kugelrund
ins warme Winterhaus."

Spitzschnäuzchen hört nicht mehr das Winterlied der Igelmutter. „Herrlich ist das Leben", denkt er. Er kriecht durch den Zaun in den Apfelgarten. Der Herbstwind hat die reifen, süßen Äpfel heruntergerissen. Das Wasser läuft ihm in seiner kleinen Schnauze zusammen.

Schmatz, schmatz, er mag gar nicht mehr aufhören.

Oben im Apfelbaum sitzt die große schwarze Krähe. Mit schwerem Flügelschlag fliegt sie über den Garten hin. „Kra, kra", ruft sie, „friß dich satt, kleiner Igel! Bald wird alles zugeschneit sein.

> Der Winter kommt, der Winter kommt,
> mit Eis und Sturm und Schnee.
> Dann findest du kein Hälmchen mehr,
> der Winter, der tut weh."

„Hör auf, alte Krähe", ruft Spitzschnäuzchen. „Ich freue mich über jeden Sonnenstrahl. An den Winter mag ich nicht denken! Ich rieche das duftende Gras, die Äpfel und Pflaumen, ich freue mich, wenn der Herbstwind über die Wiesen streicht. Ich stelle meine Stacheln hoch, daß die milde Herbstsonne darauf scheinen kann. Die Blätter sind so schön bunt, die Dahlien und Astern leuchten in allen Farben. Herrlich ist die Welt!"

Da streckt jemand sein rosa Schnäuzchen aus der Erde. Ein flinker Geselle mit einem schwarzen Fell schaufelt sich aus einem Erdhaufen empor. „Was ist denn das für ein Krach da draußen", schimpft unwirsch Samtfell, der Maulwurf. „Sei doch nicht so laut! Ich hab mir schon meine Wintergänge gegraben und will bald meine Winterruhe halten. Kannst du nicht ein bißchen leiser sein, du dummes, kleines Igelkind du!

> Der Winter kommt, der Winter kommt
> mit Eis und Sturm, der heult, hu, hu.
> Nun such bald eine Höhle dir,
> beeil dich, kleiner Igel du!"

„Bald halt ich mir meine Igelohren zu", seufzt Spitzschnäuzchen. „Ich trippel umher, so lange es mir Spaß macht. Und hier am Komposthaufen, da liegen noch so viele schöne saftige Äpfel, da kann ich mich den ganzen Winter hindurch sattessen! Ich wundere mich bloß, daß es heute so schnell dunkel wird. Mich friert bis in die Stachelspitzen hinein." Er kriecht unter die welken

Xylophon oder Triangel	Blätter am Rand des Komposthaufens. So müde wird er. Wo heute nur die Mutter und die Geschwister sind? Ein kalter Mond steigt hinter den Tannenwipfeln empor. Spitzschnäuzchen macht die Augen zu. Er träumt von einer warmen weißen Wolle, die aus den Schäfchenwolken vom Himmel fällt, immer mehr weiche Wolle, bis er mit einer weißen Decke sanft zugedeckt ist.
	Gegen Morgen wacht er auf. Weiß ist die Welt ringsumher. Wo ist der schöne Komposthaufen geblieben, wo sind die Kohlköpfe und die saftigen Erdbeerblätter? Ein eisiger Wind fegt übers Feld. Er treibt die Schneeflocken vor sich her, er zaust in den Ästen und
Schellentrommel Becken	wirft die Regentonne um. Er wirbelt den Schnee unter sein Stachelkleid, daß es ihm in den Ohren dröhnt. Nur schnell fort in die schützende Wärme des Komposthaufens hinein! Mit Schnäuzchen und Beinen
Klangstäbe	wühlt er sich vorwärts. Die kleine Igelstirn legt sich in Falten, so sehr strengt er sich an.
	Immer tiefer gräbt er sich hinein in die lockere Erde. Da findet er noch ein paar trockene Halme und Blätter und Stengel und schiebt sie zusammen zu einem kugeligen Nest. Immer müder wird er. Er rollt sich ein, den Kopf unter dem Bauch versteckt. Ganz langsam
Klanghölzer oder Glockenspiel	schlägt sein Herz – poch – poch.
	Vor dem Einschlafen hört er noch den Ruf des Uhus, der geschützt in einer Baumhöhle sitzt, ein Auge auf- und zuklappt und in die kalte Winternacht hinausheult:

„Der Winter kommt, der Winter kommt,
ihr Tiere, sucht euch euer Haus.
Wie gut, wer jetzt warm schlafen kann
bei Wind- und Sturmgebraus.

Der Winter kommt, der Winter kommt,
und wenn es draußen tobt und schneit:
die Augen zu und eingerollt,
verschlaft die kalte Zeit!"

Wie das fleißige Mäuschen den Hasen einen warmen Winterpelz genäht hat

Erzieherin oder Mutter erzählt.

Ach, so geht's den armen Tieren,
wie sie frieren, wie sie frieren!
Winterwind saust durch den Wald,
und es ist so kalt, so kalt.

(dazu: Xylophon, Glissando, auch Holzstäbe)

Die Häschen hoppeln oder springen frierend im Winterwald (im Kreis) herum. In der Mitte sitzt das Mäuschen in seinem „Häuschen". (Häuschen aus Stühlen oder nur ein Reifen.) Die Kinder singen ihr „Hasenbettellied" (auf die Melodie: Alle meine Entchen)

Liebes kleines Mäuschen du,
hör uns zu, hör uns zu.
Wir Hasen frieren gar so sehr,
hu, hu, hu.
Liebes kleines Mäuschen du,
hör uns zu, hör uns zu.
Ach, näh uns einen Winterpelz,
hu, hu, hu.
Liebes kleines Mäuschen du,
hör uns zu, hör uns zu.
Wir bringen dir auch Käs' und Speck,
hu, hu, hu.

Das Mäuschen ruft:

„Ja, ich näh' euch einen warmen Pelz, aber holt ihn euch bald ab. Ich will mich nämlich in mein Winternest zurückziehen."

Die Hasen singen fröhlich auf die gleiche Melodie.

Wir Hasen springen froh herum
im grünen Tannenwald, im grünen Tannenwald.
Wir kriegen einen warmen Pelz,
dann ist uns nicht mehr kalt.

Ihr Tiere, freut euch alle mit
und tanzt im Winterwald, und tanzt im Winterwald.
Wir kriegen einen Winterpelz,
dann ist uns nicht mehr kalt.

Während des Liedes holen die Hasen die übrigen Kinder in den Kreis hinein, und alle Tiere tanzen, springen, hüpfen, hoppeln herum. Inzwischen stellt das Mäuschen ein großes Paket vor sein Häuschen, wickelt sich dann in eine Decke ein und schläft. Nach einer Weile hoppeln die Hasen zum Häuschen zurück. Einige bringen in kleinen Säckchen „Käse" und „Speck".

Erzieherin:

„O weh, das Mäuschen schläft ganz fest
in seinem warmen Winternest.
Wie geht es nun den armen Tieren,
nun müssen sie im Winter frieren!"

Eines der Häschen hoppelt um das „Winternest" herum und öffnet den großen Karton. Darin können Decken oder auch Pullis und Anoraks der Kinder liegen. Die Kinder ziehen sich warm an und singen:

„Liebes, kleines Mäuschen du,
wir danken dir sehr! Wir danken dir sehr!
Nun brauchen wir im Winterwald
nicht frieren mehr."

Das Spiel kann mit einem neuen „Schlafmäuschen" und neuen Häschen nochmals gespielt werden.

Das fleißige Eichhörnchen

Dieses Spiel könnt ihr mit kleinen Spielfiguren, z. B. Halmafiguren spielen. Malt zuerst den Spielplan auf einen großen Papierbogen. Jeder Spieler setzt seine Figur auf den Eichhörnchenbaum am Start. Dann wird reihum gewürfelt und auf den kleinen Löchern, die das Eichhörnchen gegraben hat, vorgerückt. Wenn man auf ein Loch kommt, in dem das Eichhörnchen einen „Schatz" vergraben hat (Nüsse usw.), darf man drei Felder vorrücken. Wenn sich in dem betreffenden Loch ein Tier versteckt hat, muß man drei Kästchen zurückrücken. Wer auf den Marder trifft, der hat großes Pech, er muß zum Start zurücksetzen und neu beginnen.

Dieses Spiel kann mit einer kooperativen Variante gespielt werden:
Jeder Spieler setzt seine Figur auf den Startbaum. Dann wird reihum gewürfelt und auf den kleinen Löchern, die das Eichhörnchen gegraben hat, vorgerückt. Wenn man auf ein Loch kommt, in dem ein Eichhörnchen einen „Schatz" vergraben hat, bekommt man ein Geschenk (Chip, Nuß, Bonbon usw.). Liegt in einem Loch aber ein anderes Tier in seinem Versteck (Maus, Maulwurf, Hamster) und man will weiterziehen, muß man diesem Tier ein Geschenk geben (sofern man schon eines hat). Aber man kann auch an diesem Loch stehen bleiben und (nur dann!) seine Würfe verschenken. Denn erreicht ein zweites Eichhörnchen dasselbe Loch, bekommt nun jedes 2 Geschenke, anstatt eines weggeben zu müssen. Wer nicht mehr auf ein zweites Eichhörnchen warten möchte, kann jederzeit weiterziehen, muß dann allerdings ein Geschenk abgeben.
Kommt ein Eichhörnchen auf das Marder-Loch, so muß er diesem 2 Geschenke geben. Hier können ihm leider auch seine Freunde nicht weiterhelfen. (Aber vielleicht wird es ja von einem wartenden Eichhörnchen mit einem zu verschenkenden Wurf darüber hinweggezogen ...)
Sind alle Eichhörnchen im Ziel angekommen, können sie alle ihre Geschenke zusammenlegen und zählen. Vielleicht kriegen sie ja in der nächsten Runde noch ein paar mehr zusammen ...!

Würfelspiel

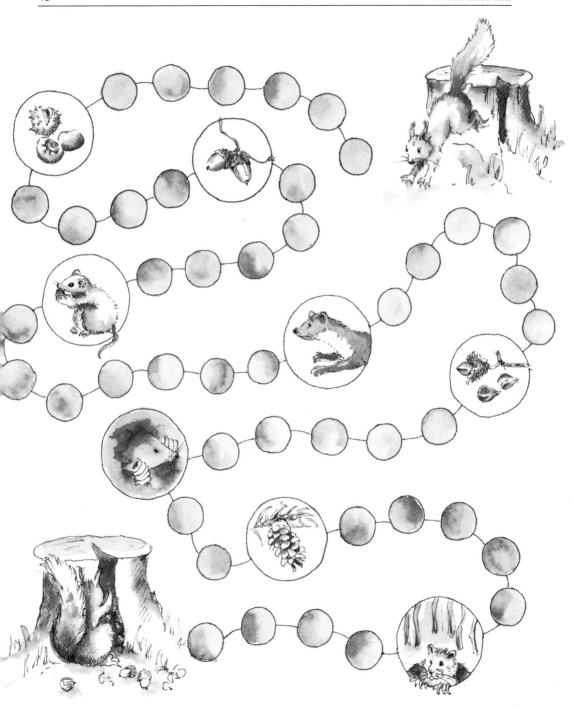

Wir holen die Tiere ins Häuschen

Die Kinder sitzen im Stuhlkreis und singen auf die Melodie „Alle meine Entchen"

	Wir bauen uns ein Häuschen |: aus Stühlen und aus Schnee. :| Wir schaufeln, wir schippen, die Hand tut uns schon weh.	Vier Kinder bauen aus Stühlen ein „Häuschen" und schippen pantomimisch Schnee herum.
Alle singen:	Wir sitzen warm im Häuschen, |: die Tiere frieren sehr. :| Wir gehen zur Wiese o Häschen, komm doch her!	Ein Kind geht aus dem „Häuschen" zu den Kindern im Stuhlkreis, tippt ein „Häschen" an, das hinterherhoppelt.
Alle singen:	Wir sitzen warm im Häuschen |: die Tiere frieren sehr. :| Wir gehen zum Garten, o Mäuschen, kommt doch her!	Ein Kind geht aus dem „Häuschen" zum „Garten", tippt ein „Mäuschen" an, das hinterhertrippelt.
Alle singen:	Wir sitzen warm im Häuschen, |: die Tiere frieren sehr. :| Wir gehen zum Waldrand, o kleines Reh, komm her!	Nun läuft das Reh ins Häuschen.
Alle singen:	Wir sitzen warm im Häuschen, |: die Tiere frieren sehr. :| Wir gehen zum Bachrand, o Ente, komm doch her!	Nun watschelt die Ente ins Häuschen.
Alle singen:	Wir sitzen warm im Häuschen, |: die Tiere frieren sehr. :| Wir gehen zum Wasser, o Möwe, flieg doch her!	Nun fliegt die Möwe ins Häuschen.

Die Kinder können noch mehr Vierfüßler und Vögel nennen, die zum Häuschen gehen.

Die Erzieherin fragt auf ein akustisches Signal hin:

„Aber der Fuchs und der Bär und der Wolf,
die frieren doch auch draußen!
Wollt ihr sie nicht hereinholen ins warme Häuschen?"

Alle Kinder rufen: „Wenn der Fuchs ganz brav ist,
|: dann holen wir ihn herein. :|
Doch darf er keinen fressen
und muß ganz artig sein!
(Fuchs wird hereingeholt)

Wenn der Bär ganz brav ist,
|: dann holen wir ihn herein. :|
Doch darf er keinen fressen
und muß ganz artig sein!
(Der Bär wird hereingeholt)

Wenn der Wolf ganz brav ist,
|: dann holen wir ihn herein. :|
Doch darf er keinen fressen
und muß ganz artig sein!

Der Wolf rennt bis vor das Häuschen. Er läuft mehrmals herum, bis alle Kinder und Tiere „schlafen". Dann tippt er von hinten vier Kinder an, die aufspringen und weglaufen. Wenn es ihnen gelingt, den Stuhlkreis zu erreichen, bevor der Wolf sie angeschlagen hat, haben sie gewonnen. Dann beginnt das Spiel von vorn, und sie dürfen das Häuschen wieder aufbauen.
Wenn der Wolf ein Kind angeschlagen hat, darf er sich drei Kinder aussuchen, mit denen er das Häuschen wieder aufbaut.

Spuren im Winter

Was ist das nur?
Eine Spur, eine Spur!
Eine Spur, die führt durch den weichen Schnee,
war das ein Hase, ein Fuchs, ein Reh?
Das hier – wer hätte das gedacht,
das hat unser Eichhörnchen gemacht.

Eine Spur, eine Spur im weichen Schnee,
im Frühling wuchs hier grüner Klee.
Hier hoppelte wohl leis heut nacht
ein Häschen – hättst du das gedacht?

Eine Spur, eine Spur im weichen Schnee,
der kalte Eiswind tat ihr weh.
Er blies übers Feld mit aller Macht,
eine Krähe hat die Spur hier gemacht.

Eine Spur, eine Spur im weichen Schnee,
das war kein Has, kein Fuchs, kein Reh.
Nun schau gut hin und nicht gelacht:
das hat meine Hand mit Farbe gemacht.

Diese Tierspuren können wir mit den Kindern auf Waldspaziergängen oder im Garten beobachten. Großen Spaß macht es den Kindern, wenn sie ihre bunten Handabdrücke (mit Fingerfarben werden die Hände bemalt) im Schnee bewundern dürfen. Einfacher geht es, wenn wir die Abdrücke im Zimmer auf weißem Papier malen. Auch die Spuren der Tiere können wir mit dem einzelnen Finger oder der Fingerkuppe nachdrücken.

Schau, ein kleines Mauseohr!

Text: Barbara Cratzius   Melodie: Paul G. Walter

1. Schau, ein klei-nes Mause - ohr, Spitz-maus guckt noch einmal vor.

Mäus-chen, nun steck dein Schnäuzchen ein, Mäus - chen, laß das

Guk - ken sein! Der Ha - bicht kommt, der Bus - sard kommt und

auch der gro - ße Ka - ter, der Ha - bicht kommt, der

Bus - sard kommt und auch der gro - ße Ka - ter.

2. Guckt ein Mauseschwänzchen raus
aus dem kleinen Mäusehaus.
Hast du den Apfel schon entdeckt,
der so süß und saftig schmeckt?
|: Der Habicht kommt!
Der Bussard kommt!
Und auch der große Kater! :|

3. Mäuschen, Mäuschen, lauf nach Haus,
roll dich ein und ruh dich aus!
Der Winter kommt mit Eis und Schnee,
tut den kleinen Mäuschen weh.
|: Der Frost, der kommt!
Der Schnee, der kommt!
Die Katze und der Kater! :|

Fünf Igelkinder trippeln durch das Gras

Fünf Kinder hat die Igelmutter,
die trippeln, trippeln durch das Gras.

Fünfmal mit dem Zeigefinger klopfen oder klatschen oder fünfmal mit Zeige- und Ringfinger trippeln.

Die Mutter sagt: Bald weht der kalte Winterwind,
jetzt frißt sich satt ein jedes Kind.

Kinder pusten in die hohle Hand.

Wir bauen uns ein Winternest,
dann schlafen wir ganz tief und fest.

Mit der linken Hand ein „Nest" bilden. Fünfmal schlüpfen die Finger der rechten Hand hinein. Beim sechsten Mal trippelt die Igelmutter hinein.

Doch wenn die Sonne am Himmel steht
und zart der Frühlingswind wieder weht,

Rechte Hand mit gespreizten Fingern hochhalten.

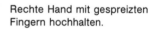

dann kriechen aus dem Winterhaus
alle Igel froh in die Welt hinaus.

Sechs Igel trippeln wieder aus dem „Nest" heraus.

Das Bärenspiel im Winter

Ein Kind schläft als „Bär" in der Mitte des Kreises. Er rollt sich ein, vielleicht bekommt er noch eine Decke übergedeckt. Die anderen Kinder laufen im Kreis herum und singen:

„Der Bär hält seinen Winterschlaf,
wollen wir ihn einmal necken?
Paßt auf, daß er nicht böse wird,
wir wollen leis ihn wecken."

Ein Kind geht vorsichtig um den Bären herum und gibt ihm drei leichte Schläge auf den Rücken. Bei „3" springt der Bär auf und versucht, ein Kind zu fangen. Die Kinder laufen fort. Wer angeschlagen wird, muß den neuen „Bären im Winterschlaf" darstellen.

Wo hab ich nur die Nuß versteckt?

Zu diesem Spiel erzählt die Erzieherin, daß die Eichhörnchen im Herbst Eicheln, Bucheckern und Nüsse für den Winter sammeln, die sie in Baumhöhlen oder auch unter dem Laub an vielen Stellen verscharren. Sie legen sich so viele Vorräte an, daß sie oft ihre „Schätze" nicht wiederfinden.
Im Raum sind Reifen mit je 2 Nüssen verteilt. Ein Reifen hat keine Nuß. Auf ein Klangsymbol hin (Klangholz) springen die Eichhörnchen frei im Raum umher, bis beim Schlag des Beckens jeder in ein „Haus" springen muß.
Dabei singen oder rufen die Kinder:

„Viele schöne fette Nüsse
findet ihr in meinem Haus.
Da hab ich es gemütlich warm
und guck in die kalte Nacht hinaus."

Das Kind, das in einen Reifen ohne Nuß gesprungen ist, scheidet aus. Es bekommt ein Klangholz in die Hand und darf den Takt mitschlagen. Die Erzieherin nimmt einen Reifen mit Nüssen fort aus dem Spielkreis, und das Spiel beginnt von neuem, bis zwei Eichhörnchen übrigbleiben. Sie sind „Eichhörnchenkönige" und dürfen alle Reifen und Nüsse wieder im Raum verteilen.
Die Kinder rufen:

„Wo hab ich nur die Nuß versteckt,
habt ihr sie nicht gesehn?
Die Nuß ist fort, die Nuß ist fort,
könnt ihr sie nicht erspähn?"

Reimspiel

Die Amsel sitzt im Vogelhaus
und pickt die fetten Körner (raus)

Die Hasen hoppeln übers Feld,
so kalt ist unsre weiße (Welt)

Tief unterm Eise schläft der Fisch,
der Förster deckt den Rehn den (Tisch)

Der Mond scheint nachts so kalt und klar
in dem eisigen Monat (Januar)

Die Maus träumt ihren Wintertraum
in ihrer Höhle am (Waldessaum)

In seinem tiefen, tiefen Gang
schläft der Maulwurf den kalten Winter (lang)

Den Füchsen wird es langsam kalt
in Eis und Schnee im Winter (wald)

Der Igel hat sich tief vergraben,
im Birnbaum krächzen hungrig die (Raben)

Uns Kindern macht der Winter nichts aus,
wir bauen den Schneemann vor unserm (Haus)

Weiß ist der Bauch und auch der Kopf,
und oben drauf kommt der alte Küchen (topf)

Lieber Schneemann, bleib noch lange stehn,
bis im März die Frühlingswinde (wehn)

Rätsel

Wer gräbt und gräbt ohne Schaufel und Eimer? (Maulwurf)

Viele kleine grauen Katzen
haben keine spitzen Tatzen,
können dich auch gar nicht kratzen.
Bienen fliegen aus und ein.
Was mögen das für Kätzchen sein? (Weidenkätzchen)

Wer fliegt über Länder und Meer
und kommt im Frühling wieder her? (Zugvögel, einzelne Vögel nennen lassen)

Wer kriecht grün in ein dunkles Haus
und kommt bunt wieder heraus? (Raupe - Schmetterling)

Was friert in seinem weißen Röckchen?
Hat ein zartes feines Glöckchen?
Blüht in Schnee und Frost und Eis.
Wer wohl seinen Namen weiß? (Schneeglöckchen)

Wer mag gerne Nüsse knabbern und versteckt
sie so, daß er sie manchmal nicht wiederfindet? (Eichhörnchen)

Wer hat ein Stachelfellchen
und kriecht im Winter in ein warmes Ställchen? (Igel)

Vogelhaus mit drei Vögeln (zum Aufhängen)

Material:
4 Stäbe vom „Eis am Stiel" oder andere, ähnlich flache Holzstäbe
6 Holzperlen (farbig, ⌀ ca. 10 mm)
Streichhölzer, Klebstoff
Filzreste, Nähgarn
Vogelfutter (einzelne verschiedene Kerne)
evtl. Plakafarben und Pinsel

Die Holzstäbe werden entsprechend der Zeichnung zusammengeklebt und zum Trocknen beiseite gelegt.
Aus zwei Holzperlen und einem gekürzten Streichholz als Verbindung entstehen die Vögel:

Um ein Streichholzende wird ein Nähgarnfaden gewickelt, der später als Aufhängung dient.
Auf das mit Klebstoff bestrichene Hölzchen werden zwei Perlen aufgeschoben. Fertig ist der Vogelkörper.
Bei einem der drei Vögel soll das Streichholzende ca. 1 cm nach unten aus den Perlen herausschauen. Die Aufhängeschlaufe entfällt hier!
Schwanz und Schnabel werden aus Filzresten ausgeschnitten und an den Vogel geklebt.

Bevor die drei Vögel an das Haus gehängt bzw. geklebt werden, wird auf das waagerechte Brettchen beidseitig Vogelfutter aufgeklebt. Zusätzlich können die beiden Dachschrägen auch noch angemalt werden. Zwei Vögel hängen am Querstab, der dritte wird mit dem überstehenden Streichholzende an das untere „Bodenbrett" geklebt.
In der Dachspitze wird der Aufhängefaden befestigt.

(U. Weber)

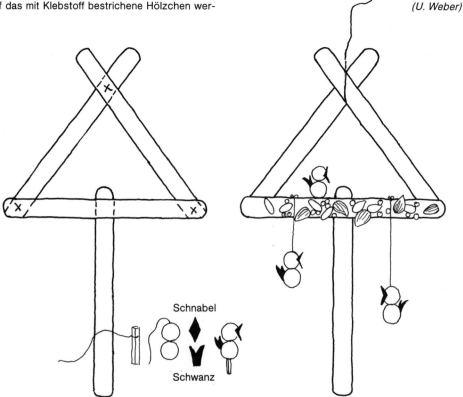

4 Wir feiern Feste in der Vor-Weihnachtszeit

Zum Barbaratag	Erzählung – Geschichte	56
Am Barbaratag im Dezember	Gedicht	56
Barbarazweige	Erzählung – Geschichte	57
Am Abend vor dem Nikolaustag	Lied	58
Am Abend vor dem Nikolaustag	Gedicht	59
Die Gestaltung von Nikolausfeiern im Kindergarten	Fest	60
Legende von St. Nikolaus	Erzählung – Geschichte	62
Eine Nikolausfeier	Gedicht	65
Wir beschenken den St. Nikolaus	Bastelvorschlag	67
Nikolaus, komm zu uns ins Haus!	Singsspiel	68
Vor dem Nikolaustag	Lied	69
Nikolaus	Lied	70
Heute ist Nikolaustag!	Erzählung – Geschichte	71
Gedichte, die zum Reimen reizen	Gedicht	74
Kleines Nikolausspiel	Spiel	75
Die Ausstattung für den Nikolausdarsteller	Bastelvorschlag	76
Ein großer Sack voll Wünsche	Gedicht	77
Als Nikolaus Bischof von Myra war	Lied	78
Der Nikolaus brachte Schuhe dir	Rätsel	80
Wer ist so geschickt wie der Nikolaus?	Spiel	81
Stick-Esel	Bastelvorschlag	81
Nikolaus	Bastelvorschlag	82
Weihnachtsmann	Bastelvorschlag	83
Bunte Kerzenkette	Bastelvorschlag	83
Zungenbrecher	Zungenbrecher	84
Wir backen Spekulatius	Rezept	84

Die Advents- und Weihnachtszeit mit ihrer Kette von Festen, die vom Brauchtum und den Inhalten der christlichen Botschaft geprägt sind, wird jedes Jahr von den Kindern freudig begrüßt. Fritz Leist sagt: „Die Seele sucht nach Anlässen, Feste zu feiern, und findet Ersatz, wenn die echte Möglichkeit versagt bleibt." Es gibt gerade in den dunklen Tagen vor Weihnachten viele Möglichkeiten und Anlässe, mit den Kindern gemeinsam nach neuen Wegen zu suchen, diese Zeit festlich zu begehen.

Mit dem Barbaratag beginnt die Reihe der festlichen Festtage. Die Vorbereitungen zum Nikolaustag und zu einer gemeinsamen Weihnachtsfeier schenken uns und den Kindern jedes Jahr wieder neue Impulse zu schöpferischem Tun. Die Bausteine, die hier im Kapitel Advents- und Weihnachtszeit zusammengetragen sind, können in jeder Kindergruppe je nach Alter und Einsatzmöglichkeit neu zusammengestellt werden.

Zum Barbaratag

Am 4. Dezember ist der Tag der heiligen Barbara. Ihr könnt aus dem Garten oder vom Wochenmarkt Kirschzweige, Apfelzweige, Forsythienzweige holen und sie in eine Vase mit warmem Wasser stellen. Damit sie nicht so kahl aussehen, könnt ihr sie mit vergoldeten Nüssen oder kleinen Strohsternen verzieren.
In den Adventstagen kann man dann beobachten, wie die Knospen treiben. Die Nüsse und Strohsterne sind zu Weihnachten ein schöner Schmuck für euren Tannenbaum.
Die Legende erzählt: Die heilige Barbara hat vor sehr langer Zeit gelebt. Ihr Vater war ein reicher Kaufmann. Als er einmal eine weite Reise machen mußte, ließ er seine schöne Tochter in einen hohen Turm sperren. „Dort ist sie sicher, bis ich zurückkomme," dachte er.
Aber Barbara hörte von einem Priester die frohe Botschaft von Jesus Christus und ließ sich taufen. Das gefiel dem Vater gar nicht. Er hatte Angst um seine Tochter, weil der Kaiser verboten hatte, sich zu Jesus zu bekennen. Aber Barbara blieb ihrem Glauben treu. Der Vater führte sie zur Strafe in den untersten Keller des Turms. Auf dem Weg dorthin verfing sich ein kahler Zweig in ihrem Kleid. Sie stellte ihn in eine kleine Schale und goß Wasser hinein, das ihr die Wächter zum Trinken reichten. An einem dunklen Wintermorgen sproßten helle Blüten hervor. „Das ist ein Zeichen von Gott," dachte sie. „Gott will mich in meinem dunklen Turm trösten."

Am Barbaratag im Dezember

Heute geh' ich in den Garten,
Kirschbaum, du trägst dunkle Last.
Schenk mir am Tag St. Barbara
einen grauen Ast.

Und ich geh' zum zweiten Baume,
Apfelbaum, du trägst so schwer.
Gib an diesem kalten Tag
einen Ast mir her.

Und ich geh' zum dritten Baume,
Pflaumenbaum, ich frage dich,
hast du denn bei Eis und Schnee
einen Zweig für mich?

Dunkle Äste, dunkle Knospen
hab ich heimgebracht.
Wartet nur, sie werden blühen
in der Weihnachtsnacht.

Barbarazweige

Heute ist Petra ganz früh aufgewacht. „Piep, piep, tschilp, tschilp", hört sie draußen vom Hof her. Schnell läuft sie ans Fenster. Gestern abend hat sie doch noch Vogelfutter in das neue Vogelhäuschen gestreut. Sie hat sich schon so auf die hungrigen Gäste gefreut! Aber die Scheiben sind ganz zugefroren.
Petra haucht und haucht. Jetzt kann sie die Meisen und Amseln und Spatzen gut beobachten. Sie picken eifrig und zanken sich um die Körner.
„Mutti, heut nacht hat es noch mehr geschneit. Auf den Bäumen im Garten liegt ganz dicker Schnee! Komm doch mal her!"
„Na, wo sind denn deine schönen Eisblumen?" fragt Mutter. Aber inzwischen ist das Fenster abgetaut, die zarten weißen Blumen und Blätter sind verschwunden.
„Laß nur, wir holen neue Blüten aus dem Garten!" lacht Mutter.
„Was, jetzt mitten im Winter?" fragt Petra verwundert.
„Wir müssen nur noch ein bißchen warten, dann wirst du etwas Schönes erleben! Weißt du, was heute für ein Tag ist?" Petra läuft zum Kalender an der Wand. „Der 4. Dezember", sagt sie. „Heute ist der Sankt-Barbara-Tag!" erklärt Mutter. „Komm mit, wir holen uns ein paar schöne Zweige aus dem Garten und stellen sie ins warme Zimmer. Zu Weihnachten wird es hoffentlich eine Überraschung geben!"

„Aber die Zweige sind doch so kahl, das sieht eigentlich gar nicht hübsch aus", findet Petra. „Wart nur ab!" lacht Mutter. Dann holt sie die große braune Tonvase aus dem Keller, füllt sie mit warmem Wasser und stellt die langen dunklen Zweige hinein.
„Guck dir mal so einen Zweig genau an", sagt Mutter. „Sieh mal hier die kleinen Knospen! Die werden jetzt jeden Tag ein Stückchen wachsen." Aber das geht Petra viel zu langsam. Sie malt lieber mit ihren Filzstiften einen schönen bunten Blumenstrauß. Und dann bastelt sie Strohsterne und hängt sie an das frische Tannengrün, jeden Tag ein paar mehr. Die Kirschbaumzweige hat sie ganz vergessen.
Ein paar Tage vor Weihnachten holt Mutter sie zu der Vase: „Guck mal, Petra, jetzt brauchen wir nicht mehr lange zu warten!"
Dicht an dicht sitzen die dicken braunen Knospen an den dunklen Ästen, da und dort blitzt schon ein weißes Blütenblatt hervor.
„Und zu Weihnachten werden die Zweige blühen, ganz bestimmt!" sagt Mutter. „O ja!" ruft Petra. „Dann legen wir dem Christkind weiße Kirschbaumblüten in die Krippe!"

LIED 58

Am Abend vor dem Nikolaustag

Text: Barbara Cratzius
Melodie: Paul G. Walter

1. Was hat dich denn so froh gemacht? Ein Klingen, ein Klingen. Ich glaub, Knecht Ruprecht kommt heut nacht, will seine Gaben bringen.

2. Warum bist du denn aufgewacht?
   Der Schlitten, der Schlitten.
   Ich glaub, Knecht Ruprecht kommt bei Nacht
   ganz heimlich angeritten.

3. Was hat er mir denn wohl gebracht?
   So wart nur, so wart nur!
   Du findest, wenn die Sonn' erwacht
   vielleicht die goldne Spur.

Am Abend vor dem Nikolaustag

Der Sturmwind blies die Sterne aus,
ganz dunkel liegt die Welt.
Und unser Kind, das lauscht hinaus,
so schwarz sind Wald und Feld.

Doch horch – da stapft ein Schritt ums Haus,
und hell ein Ton erklingt.
Bist du das, lieber Nikolaus,
der jetzt vom Schlitten springt?

Die großen Stiefel stellt' ich raus,
Pantoffeln noch dazu.
Ich wart' auf dich, Sankt Nikolaus,
ach, füll mir meine Schuh'!

Die Gestaltung von Nikolausfeiern im Kindergarten

Das Kind, das dieses Nikolausbild gestaltet hat, hat den Nikolaus sicher nicht als furchterregende Gestalt, sondern als fröhlichen, gütigen, väterlichen Freund erlebt. Gute Vorbilder sind prägend und hilfreich für Kinder dieses Alters.

„Bist du auch brav gewesen? Sonst kommt der Nikolaus mit der Rute und steckt dich in seinen großen Sack!" Solche furchteinflößenden Vorstellungen kreisen immer noch in vielen Familien mit kleinen Kindern. Dazu tritt dann noch die säkularisierte Gestalt der vielen Kaufhaus-Weihnachtsmänner mit Zipfelmütze, Rauschebart und Rute, die verkaufsanreizend wirken sollen.

Diesen Nikolausbildern gilt es in einem religiös (christlich) geprägten Kindergarten entgegenzuwirken. Die Nikolausgestalt darf nicht als Erziehungshilfe und verkaufsförderndes Werbeobjekt mißbraucht werden. Wenn der Nikolaus als geheimnisumwitterte, rutenschwingende, angsterzeugende Figur bei einer Feier erscheint und dem Kinde vorspiegelt, er habe alle seine großen und kleinen Sünden vom Himmel aus beobachtet, so kann das für Kinder in einem bestimmten Alter sehr beeindruckend und furchterregend sein. Wenn das Kind in späteren Jahren solche Tricks durchschaut, dann kann es dazu kommen, daß es auch gegenüber echten Glaubensaussagen skeptisch wird.

Wir sollten daher mit der Gestalt des Nikolaus sehr vorsichtig umgehen. Er tritt ja bei seinem Erscheinen als Bote Gottes auf, der als Bischof im Dienste des Herrn steht, und seine Gestalt kann das Gottesbild unserer heranwachsenden Kinder stark beeinflussen.

An dieser Stelle sei kurz an die Nikolaustradition und die Entwicklung der Nikolausspiele erinnert. Er war zunächst ein Patron für die Erwachsenen, für die Schiffer, Kaufleute, Gefangenen, Apotheker, Bäcker und Juristen.
Später wurde er zum Schutzpatron der Jugend, der Studenten, der Mädchen und dann der Kinder. Das alte Kinderbischofsspiel aus dem Mittelalter, das in Kloster – und Stiftsschulen an bestimmten Festtagen wie dem Tag der unschuldigen Kinder, dem Neujahrstag und seit dem 13. Jahrhundert auch am Nikolaustag gespielt wurde, ist der Vorläufer unserer heutigen Nikolausspiele.
Beim Kinderbischofsspiel wurde ein Scholar zum „Bischof" gewählt und mit bischöflichen Gewändern ausgestattet. Er zog feierlich in die Kloster- oder Stiftsschule ein, befragte die Kinder und verteilte Geschenke.
Ein Nikolausfest im Kindergarten kann so gefeiert werden: Der Vater eines Kindes aus dem Kindergarten stellt den Nikolaus dar. Seine Einkleidung kann auch vor den Augen der Kinder geschehen. Dabei erkennen sie, daß die Gestalt des Nikolaus auf einen historischen Bischof zurück geht. Bischofsmantel und Mitra als bischöfliche Zeichen werden den Kindern zumindest in katholischen Gegenden vertraut sein. Man kann ihnen erklären, daß der Bischofsstab an den Hirtenstab erinnern soll. Der Bischof soll für seine Gemeinde sorgen wie ein Hirte für seine Schafe. Auch das Wort „Pastor" bedeutet „Hirte". Die Mitra, der Umhang und der Stab können von Kindern und Eltern selbst angefertigt werden. Wenn der Nikolaus erscheint, kann er mit einem gemeinsamen Lied empfangen werden. Das bekannte Lied: „Laßt und froh und munter sein" ist ein Hinweis auf die frohe Botschaft. Im Namen Jesu ist die Nikolausgemeinde zusammengekommen. Der Nikolaus kann dann den Kindern Legenden aus dem Leben des Heiligen erzählen; es kann auch ein gemeinsames Nikolausspiel aufgeführt werden. Dem Gedanken des Teilens und Helfens am Nikolaustag entsprechen die kleinen selbstgebastelten Gaben der Kinder, die sie dem Nikolaus zum Weiterschenken mitgeben. Nikolauslieder und -gedichte, von Kindern vorgetragen, bereichern die Feier. Die Kinder selbst freuen sich über die kleinen Geschenke, die ihnen der Nikolaus mitbringt und die auf den festlich geschmückten Tischen ausgepackt werden. Wenn der Nikolaustag auf diese Weise gefeiert wird, dann ist der Heilige Nikolaus weit mehr als eine vordergründige, rutenschwingende Erziehungshilfe. Er erscheint als beispielgebender väterlicher Freund, als Bote Gottes. Als Hintergrundinformation für die Erzieherin ist die folgende Darstellung der Legenden vom Heiligen Nikolaus gedacht.

Legende von St. Nikolaus

Viele alte Verse, die als Volksgut lebendig sind, erzählen uns vom heiligen Nikolaus.

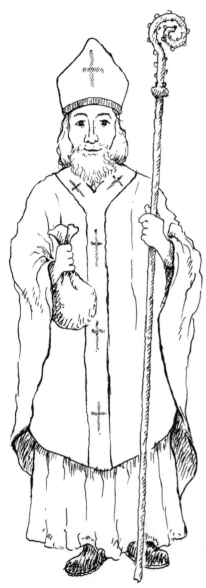

In Holland sprechen die Kinder:

Nikolaus, du guter Mann,
zieh den roten Mantel an,
fahr mit uns nach Rotterdam,
von Rotterdam nach Westen,
kauf Äpfel, von den besten,
kauf Birnen von dem Birnenbaum
und ein Säckchen Pflaum'.

Aus Norddeutschland stammt dieser Vers:

Nun kommt bald das Schiff aus Spanien an, es bringt uns St. Nikolaus, den heiligen Mann. Da hoppelt sein Pferdchen nach Luv und nach Lee, da flattern die Wimpel hoch über der See.

Nikolaus hatte ein Herz für Kinder, ein Herz für das Volk. Das können wir auch an seinem Namen ablesen. Nicos heißt „Sieg", „laos" heißt Volk. Nikolaus heißt also „Sieger des Volkes". Nikolaus wird um das Jahr 300 in Kleinasien geboren. Seine Eltern sind Christen. Er wächst im Glauben des Herrn auf. Als die Eltern sterben, erbt Nikolaus ihren reichen Besitz. Aber er will das Geld nicht für sich haben, er will es seinen Brüdern schenken, wie es der Herr geboten hat.
Sein Nachbar hat durch ein Unglück all sein Geld verloren. Er kann nicht mehr seine schönen Töchter ernähren und will die älteste verkaufen. Mit dem Geld will er die Aussteuer der beiden jüngeren bezahlen.
Nikolaus hört von der Not des Nachbarn. Heimlich schleicht er sich in der Nacht in den Garten und wirft einen Beutel Geld durch das offene Fenster. Am nächsten Morgen findet der Mann voller Freude das Geld.

Nun braucht er seine älteste Tochter nicht mehr zu verkaufen.

In der nächsten Nacht wirft Nikolaus wieder einen Beutel durchs Fenster. Das reicht für die Aussteuer der zweiten Tochter. Dann will Nikolaus auch der dritten Tochter helfen. Der Nachbar aber ist jede Nacht wach geblieben. Er will sehen, wer ihm in der Not beisteht. Er fällt vor Nikolaus nieder. Nikolaus wehrt ab. „Bedanke dich bei Gott, dem Herrn. In seinem Namen habe ich dir geholfen."

In vielen Familien besteht der Brauch, daß die Kinder am Nikolaustag ihre Schuhe ans Fenster stellen. Sie warten darauf, daß St. Nikolaus heimlich bei Nacht kommt und seine Gabe bringt.

Auch als Nikolaus zum Bischof von Myra gewählt wird, bleibt er ein demütiger Mensch. Er ist gerecht und hilfsbereit gegen jedermann. Überall verkündet er das Wort Gottes. Von weither kommen die Menschen, um seine Predigt zu hören. Er reist auch zu dem großen Konzil des Kaisers Konstantin in Nicäa. In vielen Ländern erzählen die Menschen von seinen Taten.

Eines Tages segelt ein stolzes Schiff auf dem Mittelmeer nach Konstantinopel. Es ist schwer beladen. Da kommt ein mächtiger Sturm auf. Die Wellen überspülen das Deck. Der Mast wird zerschlagen. Wild stößt er hin und her und reißt ein Loch in die Bordwand. Die Matrosen schaffen es nicht, die Haltetaue durchzuhauen, damit der Mast fortgeschwemmt werden kann.

„Heiliger Nikolaus! Hilf uns!" schreit der Kapitän in höchster Not. Da sehen sie mitten auf dem Schiff einen Mann mit einer Axt stehen. Er schlägt mit großer Kraft auf die Haltetaue ein; da schöpfen die Matrosen neuen Mut und helfen ihm, die Taue zu kappen. Allmählich läßt der Sturm nach. „Bringt den Mann her, der uns geholfen hat!" ruft der Kapitän. Aber der Fremde ist verschwunden.

Am nächsten Tag kann der Kapitän, wenn auch nur mühsam, das Schiff in den Hafen von Myra lenken. In

In vielen Familien wird auch heute noch der 6. Dezember, der Nikolaustag, gefeiert.
Viele Kinder stellen abends ihren Schuh ans Fenster oder vor die Tür. Ob Nikolaus ihnen etwas hineinlegen wird? Nüsse, Äpfel, einen Ball oder ein Spielzeugauto?

der Kirche wollen sich die Seeleute für die Rettung aus Seenot bedanken. – Am Altar steht der Bischof. Er trägt die Züge des Mannes, der ihnen im Sturm geholfen hat. Die Matrosen erzählen vielen Menschen von ihrer wunderbaren Rettung.
So ist St. Nikolaus der Patron der Seeleute geworden.
Zu einer anderen Zeit hilft St. Nikolaus den Menschen in Hungersnot:
Es ist eine große Trockenheit über das Land gekommen. Die Felder tragen kein Korn mehr. Selbst die Vorratskammern der Stadt Myra sind leer. Die Kinder weinen und schreien vor Hunger. Da fahren eines Tages drei Kornschiffe in den Hafen ein. Sie kommen aus Alexandrien und wollen weitersegeln nach Konstantinopel. – Bischof Nikolaus eilt zum Hafen und bittet die Seeleute:
„Gebt uns von eurem Weizen, die Menschen hier leiden große Not." Der Kapitän weigert sich: „Das ist unmöglich. Unsere Ladung ist genau gewogen und abgemessen. Der Kaiser wird mich köpfen lassen, wenn ich weniger Weizen heimbringe."
Bischof Nikolaus antwortet: „Gebt den Hungernden von eurem Korn. Ich schwöre bei Gott, ihr werdet genauso viel Korn abliefern, wie ihr geladen habt!"
Da tragen die Seeleute viele Säcke mit Korn auf den Marktplatz zu Myra. Die Schiffe heben sich nicht aus dem Wasser heraus, die Ladung wird nicht weniger. Immer mehr Säcke schleppen die Matrosen über die Planken. „Habt Dank!" ruft der Bischof. „Nun haben wir genug bis zur nächsten Ernte, und auch bis zur Aussaat wird das Korn reichen. Wir sind gerettet."
Die Menschen fallen auf die Knie und danken und loben Gott. – Der Bischof von Myra hat noch oft Segen gestiftet. Z. B. bewahrt er Gefangene, die zum Tode verurteilt sind, vor dem sicheren Tode. Gott schenkt dem Bischof noch viele Jahre, Gutes zu wirken. Als er den Tod nahen fühlt, betet er den Psalm: „Auf dich, Herr, hoffe ich. In deine Hände befehle ich meinen Geist."

Vorschlag zur Gestaltung einer Nikolausfeier

Zu einer gemeinsamen Nikolausfeier haben sich Eltern und Kinder versammelt. Die Tische sind festlich geschmückt mit Nikolausfiguren und verzierten Tischkarten (siehe Bastelteil). Bis zum Erscheinen des Nikolaus können gemeinsam Advents- und Weihnachtslieder gesungen werden.
Nikolaus erscheint:

St. Nikolaus tritt zu euch herein;
ich grüße euch alle – groß und klein.
Ich trage den Ring, den Stab in der Hand,
die Mitra und das Bischofsgewand.

Vom Bischof von Myra will ich euch berichten,
die Not der Menschen hat er gespürt.
Er half und schützte mit gütiger Hand,
von Gott, dem Herrn, war er geführt.
Von diesem guten hilfreichen Mannen
hört jetzt euch meine Geschichte an.

Einst brannte die Sonne vom Himmelszelt,
die Menschen in Myrrha hungerten sehr.
Verbrannt war das Gras, verdorrt war das Feld,
versiegt die Quellen, die Brunnen leer.

Die Mühlenflügel standen still,
es gab kein Korn, es gab kein Brot.
Die Menschen weinten und jammerten sehr:
Wer wird uns helfen in unsrer Not?

Laßt uns zu unserm Bischof gehen,
der schon so vielen geholfen hat!
„O Bischof, sieh unser Elend an,
es hungern Mensch und Vieh in der Stadt!"

Da sprach der Bischof: „Vertraut meinem Wort!
Seid doch getrost, wir sind nicht allein!
Laßt beten uns zu Gott, dem Herrn,
er wird uns aus Angst und Not befrein.

Könnt ihr die weißen Segel sehn?
Es fahren Kornschiffe weit übers Meer.
Gott lenkt sie in unsern Hafen hinein,
er schickt uns allen Hilfe her."

Die Schiffer werfen die Anker aus,
es trat an Bord St. Nikolaus.
„Ihr Herren," sprach er, „wir bitten euch sehr,
der Hunger geht um bei uns Haus an Haus.

Ach, gebt uns ab von eurem Korn,
ihr Schiffer, fahrt nicht wieder fort!
Hört – unsre Kinder schrein nach Brot,
wir zahlen euch gut, traut meinem Wort!"

Da rief der Hauptmann: „O, Bischof, verzeiht,
wir fürchten unseres Kaisers Zorn.
Er wird uns alle hart bestrafen,
fehlt nur *ein* Sack, fehlt nur *ein* Korn!"

„Um Gottes Willen teilt die Fracht!"
rief da der Heil'ge Nikolaus.
„Zählt nur die Säcke, wiegt das Korn,
mit *gleicher* Fracht fahrt ihr nach Haus!"

Da wurden die Säcke an Land gebracht,
die Menschen bekamen Korn und Brot.
Sie dankten dem Bischof, sie dankten Gott,
der sie errettet aus großer Not.

Ihr habt die Geschichte von St. Nikolaus gehört,
er liebte die Menschen groß und klein.
Er zeigt, wie man teilen und helfen kann,
in seinem Namen tret ich herein.

Nun singt mir eure Lieder vor,
ich bring meine Gaben in euer Haus.
Ich grüße euch Kinder, nah und fern
und leere den großen Sack für euch aus.

Ich bringe Freude jedermann
und zeige euch den Weihnachtsstern.
Die frohe Zeit, sie bricht nun an,
macht euch bereit *für das Kommen* des Herrn.

Wir beschenken den St. Nikolaus

Der Besuch des St. Nikolaus wird in der Adventszeit in vielen Kindergruppen mit Spannung erwartet. Die Wartezeit kann durch sinnvolle Gestaltungsvorschläge verkürzt werden. Es bietet sich an, die Nikolauslegenden von den Kindern zeichnerisch darstellen zu lassen oder nur die Figur des Nikolaus in verschiedenen Techniken (Stoffdruck, Stoffapplikation, Scherenschnitt, Linolschnitt ...) zu gestalten.
Auch kleine Bastelarbeiten (Papiersterne, vergoldete Nüsse, goldene Papierketten) können angefertigt werden.

Wenn der Nikolaus seine Gaben austeilt, können die Kinder ihn auch einzeln beschenken. Hier sind einige Sprechvorschläge:

> Nikolaus, wir danken dir,
> ich bringe dir mein Sternchen hier.

> Nikolaus, wir danken dir,
> ich bringe dir die Zeichnung hier.

> Nikolaus, wir danken dir,
> ich bringe dir mein Apfelmännchen hier.

Wenn der Nikolaus erscheint, soll er freudig empfangen werden. Ängste der Kinder können so abgebaut werden. Vielleicht helfen die Kinder auch dabei, den Mantel und den Bischofsstab vorher festlich herzurichten. Hier ist ein Vers, mit dem der Nikolaus die Kinderschar begrüßen kann:

> Ich grüße euch alle in diesem Haus,
> nun bin ich da – St. Nikolaus.
> Ich komme zu euch in der dunklen Zeit,
> macht euer Herz für die Christnacht bereit.
> Die frohe Zeit, sie bricht nun an,
> ich zeig euch, wie man teilen und helfen kann.
> Ich bring meine Gaben in euer Haus
> und leere den großen Sack für euch aus.

Nikolaus, komm zu uns ins Haus!

Musik: Barbara Cratzius

1. Ni - ko - laus, Ni - ko - laus, komm zu uns her - ein!

Schüt - te uns den Sack doch aus, al - le woll'n wir fröhlich sein.

Ab 4/5 Jahren.
Dieses kleine Sprech- und Singspiel ist für eine Kindergruppe am Nikolaustag oder bei einer Adventsfeier gedacht. Die Gruppenleiterin hilft dem Nikolaus beim Auspacken der kleinen Geschenke.

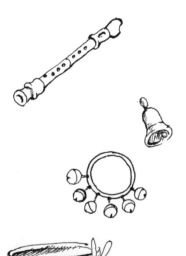

Lied:	Nikolaus, Nikolaus, komm zu uns herein! Schütte uns den Sack doch aus, alle woll'n wir fröhlich sein!
Alle:	Wir wollen dir ein Lied vorsingen.
Gruppenleiterin:	Die Puppe sollst du Ingrid bringen! *(Ein Kind läutet ein Glöckchen.)*
Alle:	Hörst du unsere Glocke klingen?
Gruppenleiterin:	Das Auto sollst du Peter bringen! *(Ein Kind läutet die Schellen.)*
Alle:	Hörst du unsere Schellen klingen?
Gruppenleiterin:	Den Reiter sollst du Robert bringen! *(Ein Kind schlägt die Pauke.)*
Alle:	Hört, die Pauke dröhnt so laut!
Gruppenleiterin:	Der Cowboy ist für Olaf, schaut! *(Ein Kind spielt ein paar Töne auf der Flöte.)*
Alle:	Die Flöte ich schon spielen kann!
Gruppenleiterin:	Das Quartett kriegt Gesa vom guten Mann! *(Ein Kind rasselt mit den Rasseln.)*
Alle:	Ich hab mit Rasseln Krach gemacht!
Gruppenleiterin:	Das Schiff hast du dem Ulf gebracht! *(Alle Kinder klatschen in die Hände.)*
Alle:	Zum Klatschen haben Hände wir!
Gruppenleiterin:	Der Kai, der kriegt das Kranauto hier!

		Zwischen den einzelnen Strophen können alle Kinder das Nikolauslied singen.
	(Mehrere Kinder trommeln laut auf den Trommeln oder auf der Tischplatte.)	
Alle:	Hörst du unsere Trommeln schallen?	Damit allen Kindern beschert werden kann, werden die einzelnen Strophen beliebig oft wiederholt und andere Namen und Gegenstände eingesetzt.
Gruppenleiterin:	Nüsse und Marzipan, das bringst du uns allen!	

Vor dem Nikolaustag

Text: Barbara Cratzius   Melodie: Paul G. Walter*

1. Ni-ko-laus, ich kann nicht schlafen, denn ich hab von dir geträumt.

Hast du schon den grau-en E-sel voll-gepackt und auf-gezäumt?

2. Nikolaus, ich kann nicht schlafen,
hell seh ich den Sternenschein.
Wirst du mich auch nicht vergessen?
Kehrst du heut nacht bei uns ein?

3. Nikolaus, wenn ich erwache,
lauf ich gleich zu meinem Schuh.
Ach, ich hab so viele Wünsche!
Nun mach ich die Augen zu.

Nikolaus

Text: Barbara Cratzius Melodie: Paul G. Walter

1. Lego-steine, Playmobile, Puppenwagen,
   Schmusepuppen, aber viele!
   Teddybär und ein Flugzeug, bitte sehr!

2. Von Schneewittchen die Kassette,
   wenn ich die doch endlich hätte!
   Filzstifte steck in den Sack,
   und trag alles huckepack!

3. Ich will auch an Mutti denken,
   will was malen und ihr schenken.
   Und ich weiß auch ein Gedicht!
   Nikolaus, vergiß mich nicht!

Heute ist Nikolaustag!

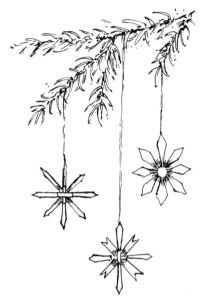

Ganz dunkel ist es im Kinderzimmer. Da wandert der Mond über das Haus und wirft einen langen Strahl durch das Fenster. Die Goldsterne an den Tannenzweigen glitzern. Die Strohsterne drehen sich sachte hin und her. Mischka, die Katze, kommt ins Zimmer geschlichen. Wupp – ist sie auf den Tisch gesprungen und stupst mit der Pfote nach den Sternen. Da wacht Peter auf. „Mischka, willst du wohl vom Tisch!" Mit einem hohen Satz saust sie aus der Tür hinaus. Jetzt ist Peter ganz wach. „Heute ist Nikolaustag! Heute sind die Stiefel bestimmt ganz voll! Mischka, friß bloß nicht die Pfeffernüsse aus!" ruft er und springt aus dem Bett. „Martin, wach auf", rüttelt er den Bruder wach. „Komm, wir schauen mal nach, was in unsern Stiefeln steckt! Ich hab' mir doch neue Buntstifte und ein kleines Matchboxauto gewünscht! Und Zimtsterne und Gummibärchen sind bestimmt auch wieder im Stiefel drin!" „Ach was, ich schau nachher nach", ruft der Bruder. „Das Feuerwehrauto kann ich mir auch noch morgen früh angucken!" „Bist du sicher, daß der Nikolaus dir wirklich eins bringt?" meint Peter. „Dein altes ist doch auch noch ganz gut, du mußt nur die Kurbel reparieren!" Nikolaus hat mir noch jedes Jahr gebracht, was ich auf den Wunschzettel geschrieben habe", gähnt Martin. „So, nun laß mich schlafen!" Peter schleicht sich durch den Flur. An der Tür hängt der große Adventskalender. Im vorigen Jahr hat der Nikolaus ein langes goldenes Engelshaar am Kalender hängen lassen, und in der Küche war der Adventsteller voll mit Pfeffernüssen und Mandelhörnchen. Wie das geduftet hat! Peter schaut durch die Küchentür. Auf dem Tisch steht nur das Frühstücksgeschirr – nichts weiter. Peter guckt ins Wohnzimmer. Nirgends steht ein bunter Nikolausteller! Aber in den Stiefeln – da wird er bestimmt etwas finden! Vor der Kellertür stehen Mutters hochhackige neue Winterstiefel – leer! Nanu, ist Mutti nicht artig gewesen? War der Nikolaus böse, weil Mutti neulich so schrecklich geschimpft hat, als er die Handschuhe verloren hat? Daneben stehen Vatis große Gartenstiefel, noch ganz schmutzig von der Gartenarbeit gestern. Peter faßt vorsichtig hinein. Leer! Ob Vati auch unartig gewesen ist?

Ob der Nikolaus das weiß, daß Vati nicht mehr die Hecke geschnitten und Muttis Bügeleisen gestern nicht repariert hat? Peter schleicht weiter. Vor der Haustür hat der Bruder seine großen Bergstiefel gestellt, natürlich die größten, in die er nur mit zwei Paar Socken hineinpaßt! Peter faßt hinein. Leer! – Ihm wird ganz heiß und kribbelig im Bauch. Nikolaus hat bestimmt gemerkt, daß Martin seit drei Tagen sein schmutziges Taschentuch in der Tasche herumträgt und nicht der Mutter zeigen will. Und abtrocknen hat er auch nicht geholfen! Aber ach – Peter sollte ja gestern auch sein Zimmer aufräumen und die Legosteine wegpacken und den Papierkorb ausleeren und den Tisch decken und ...

Er mag gar nicht zu seinen Schuhen gehen. Dabei hat er nur die kleinen Hausschuhe hingestellt. Da paßt bestimmt nicht viel rein! Er hebt einen Schuh hoch – leer! Und das kleine Matchboxauto! Das wollte er doch heute im Kindergarten den andern zeigen! Den ganzen Vormittag wollte er damit spielen! Und die neuen Buntstifte! So ein Nikolaus! Peter hockt sich auf die Fußmatte. Ein paar Tränen tropfen auf den leeren Schuh. Mischka streicht an seinen Beinen entlang. „Mischka", sagt Peter, „hat der Nikolaus uns wirklich alle vergessen?"

Da geht in der Küche das Licht an. „Peter, rasch ins Bett! Willst du dich erkälten? Was ist denn los?" ruft Mutter. „Mami – der Nikolaus hat uns vergessen!" schluchzt Peter.

„Was soll er denn heute schon bei uns!" lacht Mutter. „Schau – da ist doch eine große 5 auf dem Türchen am

Adventskalender! Morgen ist doch erst der 6. Dezember, der Nikolaustag! Da mußt du noch einen Tag Geduld haben!" „O wie schön!" lacht Peter und hüpft wieder in sein Bett. „Martin, Martin, den ganzen Tag können wir uns freuen! Morgen kommt der Nikolaus zu uns, ganz bestimmt!"
Und der Mond wandert mit seinen sanften Strahlen weiter. Wenn ihr genau hinhört, könnt ihr ihn brummen hören:

>Morgen kommt der Nikolaus,
>nachts im Mondenschein,
>wirft euch lauter gute Sachen
>heimlich in den Schuh hinein.

Wortergänzungen

Gedichte, die zum Reimen reizen

Es klingelt an der Tür – hurra!
Ist der Paketmann denn schon ...　　　(da?)

Vielleicht bringt er vom Nikolaus
was Schönes mit der Post ins ...　　　(Haus)

Die Autos und die Eisenbahn,
die man ganz richtig aufziehn ...　　　(kann)

Auch Pfeffernüsse, Marzipan
und einen süßen Stuten ...　　　(-mann)

Vielleicht auch einen Teddybär,
der alte brummt ja längst nicht　　　(mehr)

Indianerfedern wären gut,
dazu ein neuer Cowboy ...　　　(-hut)

Nur eine Rute – nein, nein, nein!
Niklaus, die packst du nicht mit ...　　　(rein!)

Im Winter, da leuchten in der F ...　　　(Ferne)
ganz silbrig hell die vielen St ...　　　(Sterne)

Wir sitzen am Tisch und knabbern so g ...　　　(gerne)
die Kekse und Nüsse und Hasel ...　　　(...kerne)

Ich freu mich an dem Bauernhof, dem
Pferd und dem St ...　　　(Stall)
an der Eisenbahn, den Autos und dem
neuen B ...　　　(Ball)

Die hat mir der Nikolaus gebr ...　　　(gebracht)
er kam auch zu mir in der dunklen　　　(Nacht)

Kleines Nikolausspiel

Huckepack, huckepack,
Niklaus trägt den schweren Sack.
Huckepack, huckepack,
Niklaus trägt den schweren Sack.

Kinder gehen gebückt im Kreis und tragen den „Sack" auf dem Rücken.

Niklaus, stell den Sack doch hin,
schaut, was ist im Sack denn drin?

Die Kinder halten an, stellen den Sack ab, setzen sich hin, linke Hand zum „Sack" geformt, rechte Hand greift hinein und hält die „Gegenstände" hoch.

Eine Pfeife für den Vati,
für die Oma ein Buch,
für den Mark die Kassette
und für Mami ein Tuch.

Für die Katze ein Wollknäuel
und aus Stoff eine Maus,
für die Susi die Puppe
und den Teddy für Klaus.

Für den Hamster eine Leiter,
und wann komm ich denn dran?
Ich mach zu meine Augen,
wißt ihr, was ich fühlen kann?

Tief hineingreifen, Augen schließen, jeder flüstert seinen Weihnachtswunsch dabei.

Ja, das lag noch ganz unten
in dem schweren, schweren Sack,
Und nun trägt ihn der Niklaus
wieder hucke hucke-pack.

Kinder stehen wieder auf, stapfen mit dem „Sack" auf dem Rücken im Kreis herum.

Und bald kommst du, lieber Niklaus,
doch bestimmt auch zu mir.
Wir zünden ein Licht an,
und wir öffnen die Tür.

Zwei Kinder bilden eine „Tür", durch die alle Kinder hindurchziehen.

Wir fertigen die Ausstattung für den Nikolausdarsteller an

Das Gewand des Nikolaus kann aus zwei Laken hergestellt werden. Sie werden so zusammengesteckt, daß in der Mitte ein Loch für den Kopf des Spielers bleibt. Ein schön geflochtener Gürtel hält das Gewand zusammen.

Aus kräftiger Goldfolie kann die Mitra angefertigt werden. Man schneidet aus Zeitungspapier die angegebene Form zurecht. Den unten abgebildeten Streifen kann man je nach Kopfgröße verlängern. Er wird später mit einer Spreizklammer geschlossen. Der Schnitt wird auf die Goldfolie gelegt, und die Mitra wird zugeschnitten. Mit Nägeln oder Stricknadeln werden Muster und das Kreuz hineingedrückt. Für die Anfertigung des Bischofsstabes aus einem Besenstiel, an dem aus stabilem, aber noch biegsamen Draht die Spirale befestigt wird, werden geschickte Väter zu gewinnen sein. Die Spirale wird mit geknülltem Zeitungspapier, Blumendraht und Alufolie umwickelt.

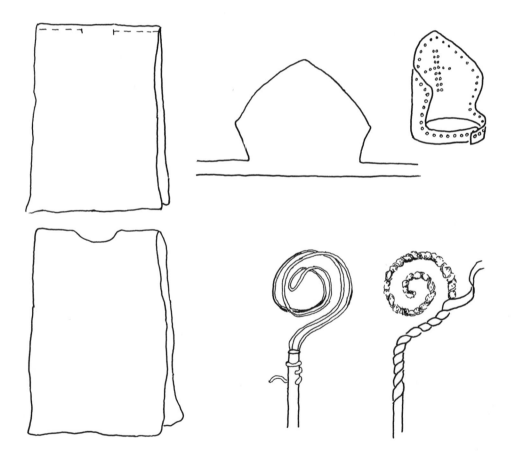

Ein großer Sack voll Wünsche

Ich wünsche mir vom Nikolaus
ein neues buntes Puppenhaus,
einen Tausendfüßler aus Plüsch gemacht,
eine Babypuppe, die Pippi macht.

Einen Wichtel, der lustige Lieder singt,
eine Spieluhr, die läutet und wunderschön klingt,
einen Stoffhund, der Beinchen hebt und bellt,
ich hab auch den Stehauf-Clown bestellt.

Die Stadt aus Holz, bunt jedes Haus,
vergiß nicht den Bahnhof, lieber Nikolaus.
Bring mir alle Sachen zum Spielen und Lachen,
doch schenk bloß nicht so kluge Sachen!

Die Holzuhr, damit ich die Zahlen lerne,
den Lesekasten hab ich auch nicht so gerne,
Was soll ich mit all den Druckbuchstaben,
Mami und Vati wollen schon früh ein richtiges Schulkind haben
und denken, die Schultafel kann nicht schaden.
Ich will noch nicht schreiben und buchstabieren,
lieber als Puppendoktor meine Puppen reparieren.

Ich mag den Kasper mit seiner Mütze,
mit lustiger Hose und bunter Litze.
Ich hol den König, die Prinzessin her,
das Krokodil, den Seppl und noch mehr.

Den Kaufmannsladen, ganz aus Holz,
da wiege ich ab und bin so stolz.
Ich verkaufe Salz und Zucker und Trauben,
und Butter und Obst, das könnt ihr mir glauben.

GEDICHT/LIED

Die Kasse klingelt, ich spreche durchs Telefon,
da kommt ein neuer Kunde schon.
Ich kann mit der Puppenküche richtig kochen,
das hat noch nie angebrannt gerochen.

Und plätten mit dem Puppenbügeleisen,
und richtig backen – ich werd's euch beweisen.
Ach Nikolaus, alles kannst du mir nicht schenken,
der Sack ist so schwer, das kann ich mir denken.

Drum mach ich mit Wünschen jetzt erst mal Schluß,
Du bringst doch auch Äpfel und Pfeffernuß.

Als Nikolaus Bischof von Myra war

Text: Barbara Cratzius   Melodie: Herbert Ring

2. Doch einmal, da blieben die Schiffe aus.
Sie brachten zum Mahlen kein Korn nach Haus.
Die Räder der Mühlen, die blieben stehn;
die Bäcker, sie konnten nicht backen gehn.

3. „O Bischof, der Herr liebt uns nimmermehr,
   es schrei'n unsere Kinder, sie hungern sehr." –
   „So betet zum Herrn, er sieht eure Not,
   er wird euch helfen mit Korn und mit Brot!"

4. „O Bischof, ein Schiff, seht, es stößt an Land,
   mit Korn ist's gefüllt bis zum höchsten Rand!" –
   „Ihr Herrn, habt Erbarmen, nehmt wahr unsre Not,
   ach leert eure Säcke, und gebt uns doch Brot!"

5. „O Bischof, wir würden euch helfen gern,
   doch fürchten wir Strafe von unserm Herrn.
   Und fehlt dann ein Sack, so peitscht er uns aus,
   wir können nicht helfen dir, Nikolaus!"

6. „O fürchtet euch nicht vor des Herren Zorn,
   ihr Leut', seid barmherzig, es fehlt ja kein Korn;
   denn Gott wird euch füllen mit gnädiger Hand
   das Schiff wieder voll bis zum höchsten Rand!"

7. Da leerten die Schiffer die Säcke aus,
   und satt wurden alle bei festlichem Schmaus.
   Sie lobten und dankten dem Nikolaus:
   „Ach komm doch auch heute in unser Haus!"

Hinweis: Das Lied kann auch mit verteilten Rollen gesungen, gesprochen oder gespielt werden.

Der Nikolaus brachte Schuhe dir
und andere Rätselgedichte

Außen bin ich dunkelgrau,
drinnen seh ich lustig aus,
und du freust dich, liebes Kind,
wenn ich komme in dein Haus.

Wie es rumpelt und es pumpelt,
einer trägt mich huckepack.
Hoffentlich steckt keine Rute
drin für dich in diesem ...!

(Sack)

Ich steh' auf einem grünen Kreis
und leuchte ganz allein,
mal bin ich gelb, mal weiß und rot,
weit glänzt mein warmer Schein.

Doch bald bin ich nicht mehr allein,
drei Schwestern werden hergebracht.
Nun strahlen wir mit hellem Licht
in dunkler Winternacht.

(Adventslichter)

Der Nikolaus brachte Schuhe dir,
sie sind nicht schwarz, nicht braun.
Die Sohle ist ganz spitz und scharf.
und glänzend anzuschaun.

Zur Schule kannst du nicht mit geh'n,
nicht auf der Straße flitzen,
doch warte nur, bald wird es kalt,
dann werden sie dir nützen.

(Schlittschuhe)

Ich bin ein liebes graues Tier,
ziehe schwer an meinem Schlitten,
seht – mein Herr stapft nebenher,
nein, er kommt nicht angeritten!

Gar so schwer ist meine Last,
vollgepackt bis obenhin,
und ich mach' nicht Ruh noch Rast,
bis ich endlich bei euch bin!

Und dann schrei ich laut: i-a!
Auf die Tür – nun sind wir da!

(Esel des hl. Nikolaus)

Wer ist so geschickt wie der Nikolaus?

Wurfspiel mit Nüssen oder Schokoladekugeln (hart) in Fenster und Tür eines selbstgebastelten Papphauses aus einem Pappkarton.

Besorge bei einem Kaufmann einen Pappkarton. Stelle beide Deckelteile schräg gegeneinander und klebe sie mit einem breiten Klebestreifen zusammen.
Schneide in das Haus eine Öffnung als Tür und zwei Fenster. In das Dach setze eine Schachtel als Schornstein. Sie muß oben und unten offen sein und wird in ein Loch ins Dach geklebt.
Zum Schluß färbe dein Haus.
Jetzt kann das Spiel beginnen: Versuche aus einiger Entfernung Nüsse und Schokoladenkugeln in das Haus zu werfen oder zu rollen.
Dabei hat jede Öffnung eine Punktzahl.
Tür = 2 Punkte
Fenster = 5 Punkte
Schornstein = 10 Punkte
Zum Schluß werden die Nüsse und die Schokoladenkugeln nach der erreichten Punktzahl aufgeteilt.

(E. Scharafat)

Stick-Esel

Material
Fotokarton
Bleistift, Schere, Lochzange bzw. grobe Nadel
Wolle, Klebstoff

Den Esel gemäß Abb. auf Fotokarton aufzeichnen (Strichlinie). Anschließend grob umrahmen (Vollinie) in etwa 1 cm Abstand. Esel entlang der Vollinie ausschneiden und dann entlang der Strichlinie mit Lochzange Löcher stanzen. Größere Kinder nehmen grobe Nadeln. Einen (grauen) langen Wollfaden an einem Ende mit Klebstoff verfestigen und dann durch die Stanzlöcher fädeln. In der zweiten Runde auf den Versatz achten, damit beidseitig eine durchgehende Kontur erreicht wird.
Schwanz aus Wollfaden ankleben (bzw. vor dem Einfädeln des Konturfadens entsprechende Zugabe überstehen lassen und mit dem Auslaufende verdrillen; evtl. mit Klebstoff verfestigen und lustige Quaste formen).

(U. Weber)

Nikolaus

Material:
Weißes Zeichenpapier für den Körper
rotes Tonpapier für den Mantel
Goldfolie für die Mitra
Watte für Bart und Haare

1. Körper:
Schneide einen Kreis aus weißem Zeichenpapier.
⌀ = 24 cm.
Teile ihn in 4 Teile. Für den Körper brauchst du ¼ des Kreises.
Klebe den Kreisabschnitt zu einer spitzen Tüte zusammen. Das ist der Körper.

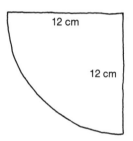
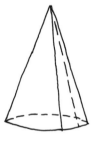

2. Mantel:
Schneide aus rotem Tonpapier ein Rechteck, 14,5 × 4,5 cm.
Aus der Mitte schneide einen Kreis, ⌀ 2,5 cm, heraus. Das ist der Mantel mit dem Kopfloch.
Ziehe den Mantel über den Körper und klebe ihn mit zwei Tropfen Klebstoff am Saum fest.

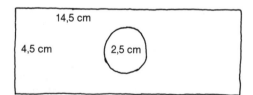

3. Arme:
Schneide aus weißem Zeichenpapier ein Rechteck: 8 × 5 cm.
Zeichne nach der Vorlage die Arme und schneide sie aus.
Klebe sie unter den Mantel an den Rücken des Körpers.

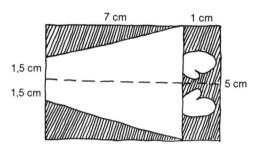

4. Mitra:
Jetzt nimm ein Rechteck aus Goldfolie, 7,5 × 5 cm und zeichne nach der Vorlage die Mitra, den Hut, vom Nikolaus.
Das kleine Rechteck, 2 × 1 cm, am Rand brauchst du, um die Mitra zusammen zu kleben.
Setze die Mitra auf die Spitze des Körpers.

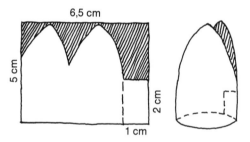

5. Gesicht, Bart und Haar:
Zum Schluß male dem Nikolaus ein Gesicht und klebe ihm einen Bart und Haare aus Watte an.

In einer Hand hält der Nikolaus einen Bischofstab aus Goldfolie geschnitten. Die Spitze ist zu einer „Schnecke" aufgerollt.

(E. Scharafat)

Weihnachtsmann

1. Schneide von einer Papprolle (aus Haushaltspapier) 5 cm lange Stücke ab, wickle sie in rotes Kreppapier.
2. Falte das Kreppapier am unteren Ende zusammen und klebe ein schwarzes Oval aus Tonpapier als Schuhsohlen dagegen.
3. Schneide aus weißem Papier einen Kreis als Gesicht und male Augen, Nase und Mund. Klebe das „Gesicht" auf die Rolle.
4. Aus Watte bekommt der Weihnachtsmann einen Bart.
   Auch der Mützenrand wird mit einem dünnen Wattestreifen geschmückt.
   Fülle den Weihnachtsmann mit einer Nuß oder einem Stück Schokolade.
   Binde den oberen Teil des Kreppapiers zu einer Zipfelmütze zusammen.

(E. Scharafat)

Bunte Kerzenkette

Einfache weiße Haushaltskerzen lassen sich mit Modellierwachs, das ihr mit den Händen weichkneten könnt, schön verzieren. Ihr könnt die einzelnen Buchstaben N I K O L A U S auf die Kerzen drücken. Wenn ihr die acht Kerzen nebeneinanderstellt, habt ihr einen leuchtenden Nikolausgruß.

Zungenbrecher

Schnell schlecken Sabine und Sebastian die schönen schneeweißen Schneesterne.

Vor Weihnachten wirbeln wunderschöne weiße Schneeflocken wie weiche wollige Watte über den Waldrand hinweg.

Neun nette Nagemäuschen nagten neulich an dem neuen Nußgebäck.

Lore leckt leckere Lebkuchen und Lollis lieber als Lebertran.

Nachbars Nero hat nachts die Schokoladennüsse vom Nikolaus genascht.

Hat die Maus die Mandeln und das Marzipan gemaust?

Beim Krippenspiel in der Kirche kann Kai den König spielen.

Steffi steht stumm vor Staunen vor den Sternen in der Strohkrippe.

Ob der Nikolaus die Schlittschuhe, das Schaukelpferd, das Schiff, die Schienen und die schöne Schimütze schnell durch den Schornstein schmeißen wird?

Im Kindergarten können kleine Kätzchen auf die kunterbunte Kiste klettern und Kekse knabbern.

Kreischende Krähen knabbern im kalten Winter Kerne und Körner und knusprige Kekse.

Wir backen Spekulatius

Die Adventszeit ist mit einem besonderen Gebäck verbunden. Spekulatius. Dieser Name kommt aus dem Lateinischen und heißt „Aufseher". Das war früher der lateinische Bischofstitel. – Auf diesen kleinen Kuchen wurden ganze Nikolausgeschichten dargestellt.
Hier habt ihr ein Rezept für Spekulatius. Wenn ihr keine alten Spekulatiusformen habt, dann stecht ihr Monde und Sterne aus oder ihr schneidet euch eine Schablone für kleine Nikolaussäckchen, auf die ihr mit Zuckerguß die Namen eurer Lieben schreiben könnt.

Spekulatius
500 g durchgesiebtes Mehl
75 g Mandelblättchen
250 g brauner Zucker
250 g Butter
3 Eier
abgeriebene Schale einer halben Zitrone
1 Päckchen Spekulatiusgewürz
1 Messerspitze Hirschhornsalz

Die Butter wird zerpflückt, mit dem Mehl und den anderen Zutaten (außer Hirschhornsalz) vermischt. Der Teig wird einige Stunden kalt gestellt, dann streut man das Hirschhornsalz darüber und rollt den Teig aus. Er wird in die bemehlten Modeln gedrückt oder beliebige Formen werden ausgestochen und auf einem eingefetteten Blech bei mittlerer Hitze gebacken.

5 Wir freuen uns auf Weihnachten

Licht in der Weihnachtsnacht	ERZÄHLUNG – GESCHICHTE	86
Beim Krippenspiel	GEDICHT	87
Der kleine Tannenbaum – aber mit Wurzel!	ERZÄHLUNG – GESCHICHTE	88
Mutters Wunschzettel	ERZÄHLUNG – GESCHICHTE	90
In der Heiligen Nacht	GEDICHT	91
Die Schafe auf dem Feld	GEDICHT	92
Der Hund bei der Herde	GEDICHT	92
Laute Nacht – Heilige Nacht	ERZÄHLUNG – GESCHICHTE	93
Duftender Weihnachtsigel, Knusperzwerge	REZEPT	95
Bunte Pfefferkuchenfiguren	REZEPT	96
Wir backen ein Pfefferkuchenhaus	LIED	97
Pfefferkuchenhaus	REZEPT	98
Ein Weihnachtsbaum, der nicht umkippt	BASTELVORSCHLAG	100
Tischlaterne für kleine Leute	BASTELVORSCHLAG	100
Glitzernde Tannenzapfen	BASTELVORSCHLAG	100
Ein Fenster zum Verschenken	BASTELVORSCHLAG	101
Sternenleuchte	BASTELVORSCHLAG	102
Adventskalender	BASTELVORSCHLAG	102

Licht in der Weihnachtsnacht

Heute proben die Kinder im Kindergarten ihre Spiele und Lieder für die Weihnachtsfeier mit den Eltern.
„Barbara, sprich lauter!" sagt die Erzieherin. Sie übt das kleine Spiel mit den Hirten auf dem Felde. „Haltet die Laterne schön hoch, Ansgar und Martin! – Und das Hirtenlied auf der Flöte kannst du ruhig etwas langsamer spielen, Kerstin!" „Dürfen wir jetzt die Kerzen für die Engel anmachen?" fragen die Kinder. Gerade als die Erzieherin die erste Kerze anzünden will, geht plötzlich das elektrische Licht aus. „Hu, ist das dunkel!" rufen die Kinder durcheinander. Der Lichtkreis der kleinen Kerze erhellt ganz schwach die Gesichter der vier Hirten. „Das ist ja richtig toll unheimlich!" ruft Dirk. „Ich weiß, woran das liegt! Der Bagger im Neubaugebiet hinter unserem Kindergarten hat bestimmt wieder ein Kabel angebohrt!"
„Prima!" „Das Licht geht ganz bestimmt gleich wieder an", meint die Erzieherin. „Wir können ja inzwischen ein Wettspiel machen! Im Stall von Bethlehem ist es sicher auch dunkel gewesen. Wer von euch findet als erster drei Dinge heraus, die damals den Stall ein bißchen heller gemacht haben?"

Für eine Weile ist es still bei den Kindern. „Vielleicht die Laternen der Hirten!" ruft Martin und hält seine Laterne hoch. Gisela meint: „Die glänzenden Kronen der Könige!" Petra lacht: „Das glitzernde Zaumzeug der Pferde und Kamele" – „Die goldenen Ketten und Schalen der Weisen!" sagt Ingrid. „Vielleicht hat der Stern durch die Ritzen des Stalles geschimmert!" ruft Martin. Peter und Ulf meinen: „Vielleicht haben die Heugabeln und Spaten an der Wand des Stalles geblendet! Und die langen Ketten, mit denen der Bauer die Kühe und den Esel angebunden hat!"
Anne lacht: „Da sind doch sicher auch Katzen im Stall herumgeschlichen. Wie die Katzenaugen nachts leuchten!" – „Und die Augen der Eule auf dem Scheunen-

dach!" meint Petra. Nun wissen die Kinder aber wirklich nichts mehr. „Vielleicht hat das Kind in der Krippe einen ganz hellen Schein im Gesicht gehabt. Und die Menschen, die in den Stall hineindrängen, haben auch ganz helle frohe Gesichter bekommen vor Freude über das Christkind!" sagt Martin leise.
„Martin hat gewonnen!" rufen die Kinder. „Er hat drei Dinge gewußt!" Da geht das Licht im Zimmer wieder an. „Schade", sagen die Kinder.

Beim Krippenspiel

Kaspar und der Balthasar,
goldene Kron' auf schwarzem Haar,
und der stolze Melchior,
Edelsteine bunt am Ohr,
in den Händen Ketten schwer,
würdig ziehen sie daher.

Christine darf Maria sein;
doch welche Puppe woll'n wir wählen
und legen sie in die Krippe rein?
Die hier kann mit dem Bauch erzählen,
die lächelt wirklich viel zu fein,
die hat viel Locken, ist zu groß,
bei dieser fehlt nicht Arm und Bein,
die leg'n wir in Marias Schoß!

Die Hirten ziehen nun herein
mit Vaters altem, grauen Hut,
sie gehen langsam, Mann für Mann,
der Nils, der spielt die Rolle gut.
Und erst die Schafe, ihrer zehn,
die wollten ohne Rolle sein,
nun brauchen sie doch nur zu mähn –
mäh, mäh,
mit Atem zu wärmen das Kindelein.

Wie Jens nur den Herodes spricht,
er ruft so zornig, bös und laut!
Sonst ist er still, meldet sich nicht,
jetzt droht er mächtig, seht nur, schaut!

Und Josef ist doch sonst so wild,
jetzt schaut er andächtig, ganz mild!
Nun wacht er da – so ernst und still,
tut alles, was Maria will!

Und gab es sonst bei jeder Probe
dort an der Krippe ein Getobe,
boxt Kai dem Henry in die Seit',
macht sich Andreas viel zu breit,
haut Mischi mit dem Stecken gar,
so läuft jetzt alles wunderbar:

Vor Kindern und Eltern sind sie alle
gebändigt, gezähmt, verwandelt im Stalle!

Der kleine Tannenbaum – aber mit Wurzel!

Die Mutter packt Weihnachtspäckchen. Eine lange Liste hat sie vor sich liegen.
Heute will sie die Päckchen für die Großeltern und Tanten in der DDR, für die Familie mit den fünf Kindern in Polen und für das Patenkind in Guatemala fertigmachen.
Martin stürmt in die Küche. „Mami, in diesem Jahr suchen wir doch wieder eine ganz große Tanne aus!" ruft er. „Bis zur Decke soll sie reichen! So eine, die nicht nadelt! Und wo 43 Kerzen draufpassen! Ich hab sie alle raufgesteckt!"
„Du – in diesem Jahr hab ich eine andere Idee", sagt Mutter. „Weißt du, im letzten Jahr konntest du dein Rennauto gar nicht so richtig laufen lassen. Und wir hatten dauernd Angst, daß die Kerzen ganz oben die trockenen Nadeln ansengen würden. Papi hatte ja immer einen Eimer Wasser in der Ecke stehen.

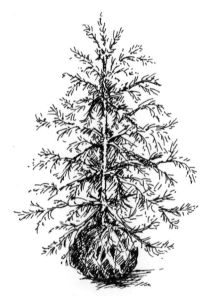

Und vor allem – die Tanne war einfach zu teuer. Wie viele Päckchen hätte ich dafür zu Weihnachten packen können!
Und dann – als wir die Tanne zur Sammelstelle ziehen mußten, da hat sie mir richtig leid getan. Ganz traurig sah das aus, als sie mit den anderen abgenadelten Tannen im Schnee lag!
Nein – in diesem Jahr wollen wir eine ganz kleine Tanne haben, mit Erde und Wurzel! Die kann dann im Garten weiterwachsen!"
„O ja, Mami", ruft Sandra. „Dann haben wir wenigstens Platz für die schöne Krippe, die wir im letzten Jahr gebastelt haben! Da kann ich dann auch die vielen Schafe und die Hunde und die Hirten aufstellen!"
„Aber da passen bestimmt nur zwölf Kerzen dran!" meint Martin zögernd. „Da wird es ja gar nicht richtig hell im Zimmer! Darf ich denn wenigstens in der Kü-

che ein bißchen mit den Kerzenresten kokeln? Ich mach' auch bestimmt keine Wachsflecken!"
„Ihr kriegt noch euer Kerzenfest", sagt Mutter. „Ich hab' ja noch die große Schüssel mit all den Wachsresten!" Aber Martin ist noch nicht zufrieden. „Und was machen wir mit dem gesparten Geld? Neue Indianerfedern könnte ich gut gebrauchen! Und vielleicht ein neues Schwert für die Ritterrüstung!"
„Na – dann haben wir ja endlich mal eine gute Bastelidee für die Adventsnachmittage", lacht Mutter. „Du hast doch eine ganze Schachtel mit Möwenfedern! Und neue Tuschfarben hast du auch bekommen! Vielleicht steckt ja auch eine Laubsäge in deinem Schuh am Nikolaustag! Da kannst du dir gleich zwei Schwerter aussägen! Vielleicht kannst du unserem Patenkind in Guatemala, dem Pablo, ein paar schöne bemalte Federn einpacken! Im letzten Paket hat er dir so einen schönen gewebten Gürtel geschickt!"
„Vor Weihnachten hat Mami gar keine so schlechten Ideen", denkt Martin.

Mutters Wunschzettel

„Peter, du hast mir wieder die Strohhalme durcheinandergebracht! Guck mal, hier sind die Spitzen abgebrochen. Und ich hatte sie so ordentlich auf den Tisch gelegt!" schimpft Maike.
„Ich brauche doch die Laubsäge!" schreit Peter zurück.
„Du brauchst deine Bastelsachen ja auch nicht ausgerechnet auf meine Sperrholzplatte zu legen. Ich muß doch das Schlüsselbrett für Oma noch aussägen."
„Gestern hast du mir bei meinem Transparent das gelbe Papier eingerissen, und zwar mit Absicht!" Maike wird immer zorniger. „Weil du mir einen großen Klebefleck auf das Holzpferdchen gemacht hast. Und bestimmt nicht aus Versehen!" Peters Stimme ist ganz laut geworden. „Mach bloß die Tür zu, sonst hört dich Mutter noch!" ruft Maike.
Aber da tönt Mutters Stimme schon aus der Küche: „Ich dachte, ihr wolltet die Marzipanfiguren für Oma verzieren. Aber ich höre euch nur zanken."
„Mami, wir sind jetzt ganz still!" sagt Maike schnell.
„War ja nicht so gemeint!" ruft Peter.
„Mami, deine Erdbeeren und Pflaumen aus Marzipan sehen ganz echt aus! Und hier die Gurke und der Blumenkohl! Ganz toll!" „Ja, ich bin froh, daß alles fertig ist und ich das letzte Päckchen packen kann", sagt Mutter.
„Du bist jeden Tag in der Adventszeit so fleißig gewesen", meint Maike nachdenklich. „Hast du eigentlich auch schon einen Wunschzettel geschrieben?"
„O ja, ich habe einen riesengroßen Wunsch, den könnt ihr mir doch nicht erfüllen."
„Mami, in meinem Sparschwein sind noch 20 Mark", sagt Peter, „und Maike hat noch 15 Mark. Wenn wir zusammenlegen ..."
„Meinen Wunsch kann man nicht kaufen", sagt Mutter. „Ich will ihn auch nicht gleich verraten. Paßt mal

auf, was morgen in eurem Schuh liegt!" – Aber morgen ist doch nicht Nikolaustag!" sagt Maike.
„Nikolaus bringt nicht immer nur am 6. Dezember etwas. Manchmal sagt er auch an anderen Tagen den Kindern, wie sie ihm helfen können!" lacht Mutter.
Am nächsten Morgen steckt in beiden Schuhen der gleiche Zettel:

> Hört mal her, ihr lieben beide,
> macht doch eurer Mutter Freude!
> Könnt ihr in den Weihnachtstagen
> nicht ein bißchen euch vertragen?
> Bringt doch Frieden hier ins Haus,
> das wünscht sich der Nikolaus.

Du, ich glaube, das ist Mutters Handschrift, auch wenn es so gedruckt aussieht!" meint Maike – „Glaubst du, daß wir Mutters Wunsch erfüllen können?" fragt Peter.
„Wir wollen uns jedenfalls alle Mühe geben!" sagt Maike. „Komm, ich helf dir auch, das Schlüsselbrett fertig zu schmirgeln!"

In der Heiligen Nacht

Josef, gieß Öl zu,
's ist finster die Nacht!
Fern haben die Hirten
ihr Feuer entfacht.

Siehe, sie kommen,
der Stern glänzt so hell,
fern bei den Herden
tönt Hundegebell.

Arm liegt die Höhle.
Im kärglichen Schein
schauen die Hirten
das Kindlein so klein.

Kommt doch, ihr Menschen,
und kniet euch, ganz nah.
Betet das Kind an,
es ist für euch da.

Die Schafe auf dem Feld

Wir draußen auf den Feldern,
wir finden wenig Schlaf.
Die Löwen und Schakale,
sie holen manch ein Schaf.

Doch unsre braven Hunde,
die halten treulich Wacht,
wie damals unter Sternen
in kalter, dunkler Nacht.

Ein Stern, der wurde größer,
so hell und wunderbar.
O hört – ein Singen, Klingen,
es jauchzt der Engel Schar!

„Ihr Hirten, lauft zum Kinde!"
Wir bleiben auf dem Feld.
Sie eilen hin zur Krippe,
dort liegt der Herr der Welt.

Der Hund bei der Herde

Ich, Bello, kann gut wittern,
ich rieche jede Spur.
Ihr Füchse und ihr Wölfe,
paßt auf, verkriecht euch nur!

Ihr Geier und ihr Adler,
ihr fliegt so pfeilgeschwind,
doch ich hab scharfe Zähne,
kann laufen wie der Wind!

Heut sah ich kleine Vögel:
der Engel weiße Schar!
Sie raubten keine Schafe,
sie sangen wunderbar!

Die Hirten riefen fröhlich:
„Ein Wunder ist geschehn!
Ich durfte ihnen folgen
und mit zur Krippe gehn!"

Laute Nacht – Heilige Nacht

„Josef!" ruft Maria ängstlich, „das ist ja so schrecklich laut geworden in der Höhle! Das Kind wird gleich aufwachen! Kannst du nicht den Tieren sagen, daß sie ein bißchen leiser sein sollen!"
Josef richtet sich auf, schaut mit blitzenden Augen in alle Ecken des Stalls und stößt seinen Stab auf den lehmigen harten Boden. Wirklich, jetzt geben sich die Tiere alle Mühe, noch leiser zu sein. Aber das ist so schwer!
„Was soll ich bloß machen, wenn mein Schwanz so laut gegen meine Beine klatscht. Ich muß dem Kindchen doch die Fliegen wegwedeln!" flüstert der Ochs.
„Und meinen Atem kann ich auch nicht leiser aus den Nüstern blasen. Ich muß das Kindchen doch wärmen!" sagt der Esel leise.
„Ich bin so glücklich, weil ich nahe beim Kind liegen darf. Da muß ich einfach schnurren!" mauzt das Kätzchen.
„Und meine Flügel kann ich auch nicht leiser auf- und zufalten", heult die Eule leise. „Das muß ich doch machen, damit die Mäuse merken, daß ich noch da bin und Wache halte. Sonst tun sie dem Kind noch etwas zuleide!"
„Wir!" piepen die Mäuse empört, „wir flitzen schon leise durchs Stroh, daß es fast gar nicht raschelt. Wir müssen doch aufpassen, daß kein böser Käfer zu nahe an das Kind herankrabbelt!"
„Und ich halte auch an der Krippe Wache, daß kein Fuchs und kein Wolf von draußen hereinkommt!" knurrt der Hütehund so leise wie möglich. „Ich verbeiß mir schon das Bellen. Aber knurren muß ich doch mal ab und zu."
„Und ich muß auch mal leise piepen!" flüstert der Spatz. „Da schwirren so viele Mücken und Fliegen in der Höhle, weil ihr so stinkt, du Ochse und du Esel!

Die muß ich schnell wegpicken, sonst stechen sie das Kind noch!"

Nun ist es nicht mehr leise in der Höhle. Aus allen Ecken atmet, flüstert, raschelt, schnurrt und piept es. Und auch draußen vor der Höhle ist es laut geworden. Schritte, Pferdegetrampel, Stimmen sind zu hören.

„Siehst du!" sagt Maria, „jetzt ist das Kind aufgewacht!"

Aber es weint nicht. Ein strahlendes Lächeln liegt auf seinem Gesicht. Es schaut in der Höhle umher und betrachtet den Hund, die Katze, den Ochsen, den Esel und all die kleinen Tiere mit leuchtenden Augen. Dann schaut es zum Eingang der Höhle und streckt die Händchen aus.

Da stehen die drei heiligen Könige, prächtig geschmückt mit leuchtenden goldenen Ketten und den bunten glänzenden Schalen.

O – wie das Kind sich freut an all dem Glänzen und Glitzern! Und dann treten die Hirten ein, und die vielen kleinen Schäfchen drängen sich um die Krippe.

Nun ist es mit einem Male ganz laut und lebendig in der Höhle geworden. Aber das Kind hat gar keine Angst. Es kräht vor Freude über die vielen Tiere und Menschen, die alle in die Höhle hinein wollen. Kopf an Kopf stehen Menschen und Tiere dicht gedrängt um die Krippe herum.

„Schau, Josef!" sagt Maria, „das Kind mag es, wenn viele, viele Tiere und Menschen beisammen sind. Es können ruhig noch mehr kommen! An der Krippe ist immer noch wieder Platz genug.

Kommt alle her", sagt sie, „alle, alle! Und tretet näher heran!" Sie hebt das Kind so hoch, daß alle es sehen können und dankbar auf die Knie fallen.

Duftender Weihnachtsigel

Mit einer Nadel piekt ihr vorsichtig kleine Löcher in eine Zitrone. Dann wird sie rundherum mit Nelken bespickt. Vergeßt nicht die schwarzen Augen und die winzige Schnauze! Auch kleine Streichholzbeine kann der Igel bekommen. Dieser gespickte Weihnachtsigel schenkt eurem Zimmer einen weihnachtlichen Duft.
Und hört, was der Igel leise flüstert:

Der Stachelgesell' schläft, habt ihr euch gedacht,
nein, nein, ich bin längst aufgewacht,
ich trippel zur Krippe in der Weihnachtsnacht.

Knusperzwerge

Ihr braucht:
50 g Palmin, 200 g Schokolade, 220 g abgezogene, gestiftete Mandeln.

Holt euch einen Stieltopf und gebt die Schokolade und das Palmin hinein. Den Stieltopf setzt ihr in einen großen Topf mit kochendem Wasser. Nun rührt ihr im Wasserbad die Zutaten so lange, bis eine flüssige Masse entstanden ist. Dann gebt ihr die Mandeln zu und laßt die Masse etwas erkalten. Mit zwei Teelöffeln setzt ihr kleine Häufchen auf ein Blech, das ihr mit Pergament ausgeschlagen habt. Wißt ihr, was euch die Knusperzwerge zuflüstern?

Braun die Schale, hell der Kern,
Knusperzwerge eßt ihr gern!

Rezept

Bunte Pfefferkuchenfiguren

Ihr braucht:
150 g Honig, 200 g Rübensirup, 80 g Butter, 450 g Vollkornmehl, 1 Teelöffel Zimt, ¼ Teelöffel gemahlenen Kardamon, ¼ Teelöffel gemahlene Vanille, ¼ Teelöffel gemahlene Nelken, 1 Prise Salz, 1 Teelöffel Pottasche, 5 Eßlöffel Milch, zum Verzieren Zitronat, Orangeat, Mandeln, auch Zuckerguß in verschiedenen Farben, mit Lebensmittelfarbe gefärbt, eventuell bunte Liebesperlen.

Erhitzt die Butter, den Honig und den Sirup zusammen und laßt die Masse abkühlen. Dann mischt ihr das Mehl und die Gewürze und gebt zuletzt die in wenig Milch gelöste Pottasche zu. Wenn der Teig zu weich ist, gebt ihr noch etwas Mehl zu. Nun laßt ihr den Teig etwa 2 Stunden ruhen. Dann legt ihr Frischhaltefolie auf eine befeuchtete Tischplatte, gebt den Teig drauf, breitet eine zweite Folie darüber und rollt den Teig mit dem Nudelholz gleichmäßig aus. Nun könnt ihr viele Figuren, Sterne, Monde, Herzen, auch einen Nikolaus oder Weihnachtsbäume ausstechen. Sie werden mit dem Eigelb bestrichen, das ihr mit 1 Eßlöffel Milch verrührt habt.
Viel Spaß wird auch das Verzieren mit Mandeln usw. machen; erst nach dem Backen erfolgt das Verzieren mit dem Zuckerguß, den Liebesperlen.
Einen Sternenbaum könnt ihr nach der angegebenen Schablone selbst zurechtschneiden. Faltet das Pergamentpapier zur Hälfte und paust die einzelnen Sternenhälften ab. Dann legt ihr die verschiedenen Schablonen auf den Teig und schneidet fünf verschiedene Sterne aus. Die Figuren müssen etwa 15 Minuten backen bei 175°. Wenn die Sterne gebacken und ausgekühlt sind, bestreicht ihr sie mit glattgerührtem Puderzucker und klebt sie der Größe nach zusammen. Zum Schluß wird das Sternenbäumchen dick mit Puderzucker bestreut, oben drauf könnt ihr eine kleine Puppenkerze setzen.
Und was erzählen die Pfefferkuchen?

*Die schönen braunen Pfefferkuchen
dürft ihr schon vor Weihnachten versuchen!*

Wir backen ein Pfefferkuchenhaus

Text: Barbara Cratzius
Melodie: Paul G. Walter

1. Ma - mi, darf ich Mehl ab - wie - gen? Ich hol' Zuk - ker her.

Hier sind Ei - er und die But - ter. Bak - ken ist nicht schwer.

2. Und das sind die braunen Nüsse,
komm, ich knack sie dir!
Und die feingemahlnen Mandeln
liegen auch schon hier.

3. Nun die Tüte mit Gewürzen,
Zimt, den riech ich gern.
Wenn vom Teig was übrigbleibt,
back' ich einen Stern.

4. Doch zuerst die Häuserwände,
Dach und Zaun und Tür.
Unser Pfefferkuchenhäuschen
steht bald fertig hier.

5. Keiner darf davon was naschen,
Mischka, gib du acht!
Unterm Baume soll es stehen
in der Weihnachtsnacht.

Rezept

Möchtest du auch ein Pfefferkuchenhaus backen?
Dann rühre zuerst den Teig an.
Er muß eine Woche lang ruhen, bevor du das Pfefferkuchenhaus daraus backen kannst.

Setze den Teig also rechtzeitig an!

Was wir dazu brauchen:

6 Margarine
2 ½ Zucker
250 g Kunsthonig
1 Lebkuchengewürz
1 Kakao

Gebt alle diese Zutaten in einen Topf und laßt sie schmelzen (nicht kochen!)

dann gebt

Mehl
Eier
in Wasser aufgelöste Pottasche

dazu.
Rührt bis alle Zutaten einen glatten Teig bilden.

Jetzt muß der Teig an einem warmen Platz mehrere Tage ruhen.
Deckt ihn mit einem Tuch zu.

Dann rollt den Teig auf einer bemehlten Unterlage aus.
Schneidet mit Hilfe der Schablonen alle Teile für das Pfefferkuchenhaus aus.
Backt sie auf gefettetem Blech 15 Minuten bei 220°.

Während der Teig ruht, fertigst du für die einzelnen Hausteile Schablonen aus Pappe an.
Du brauchst:

Seitenwand = 2 ×,
verwende die ausgeschnittenen Fensterteile als Fensterläden.

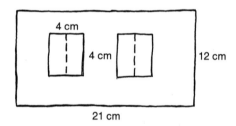

Vorderwand mit Tür = 1 ×
Rückwand = 1 ×

Rezept

Dach = 2 ×

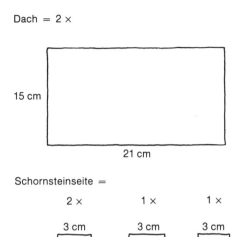

Die Wände und das Dach klebst du mit Bonbonmasse zusammen.
Dazu wird Butter in einer Pfanne erhitzt bis sie braun wird, dann gib Zucker dazu. Er löst sich auf, es entsteht eine dickflüssige, zähe Masse.

1. Tauche die Kante einer Seitenwand in die Bonbonmasse und setze sie sehr schnell an die Giebelwand.

2. Dann folgt die zweite Giebelwand.
3. Setze nun die zweite Seitenwand ein.
4. Jetzt folgt das Dach.
   Bestreiche alle oberen Hauskanten mit Bonbonmasse und lege die Dachteile auf.
5. Klebe Schornstein und Fensterläden an.

Für den Tannenbaum falte ein Rechteck

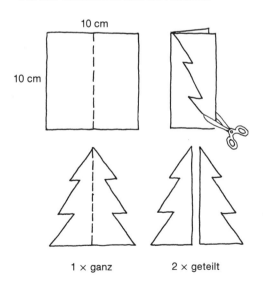

Das Pfefferkuchenhaus wird geschmückt. Du brauchst dazu eine Klebmasse aus Eischnee und Puderzucker. Sie muß sehr fest sein, damit sie alle leckeren Sachen hält, die du auf dein Pfefferkuchenhaus kleben möchtest, z.B: Nüsse, Schokoladenkringel, Lebkuchenherzen oder Marzipankartoffeln.
Zum Schluß streue durch ein Sieb etwas Puderzucker über dein Haus, dann sieht es aus, als hätte es geschneit.

Viel Spaß beim Backen
und
guten Appetit beim Knuspern.

(E. Scharafat)

Ein Weihnachtsbaum, der nicht umkippt

Wir falten einen grünen Bogen festes Papier und schneiden als Faltschnitt einen grünen Tannenbaum aus. Den zweiten Tannenbaum schneiden wir auf die gleiche Weise aus. Den einen Baum schneiden wir von oben bis zur Hälfte ein, den andern Baum von unten bis zur Hälfte. Dann stecken wir die beiden Bäume zusammen.

Glitzernde Tannenzapfen

Vielleicht habt ihr auf einer Wanderung durch den Wald ein paar schöne große Tannenzapfen gefunden! Daraus könnt ihr euch jetzt einen glitzernden Schmuck für eure Tannenzweige oder für den Tannenbaum zaubern! Taucht die Tannenzapfen in eine hochprozentige Salzlösung. (Löst in einer Schüssel mit warmem Wasser etwa ¼ Pfund Salz auf.) Nun hängt ihr die Tannenzapfen zum Trocknen auf. Ihr werdet überrascht sein, wie die Zapfen im Kerzenlicht glitzern und funkeln.

Tischlaterne für kleine Leute

Material:
Goldfolie,
dicker Nagel, Korken,
Styropor- oder Zeitungsunterlage,
Klebstoff, Bleistift, Schere.

Den Nagel durch einen halben Korken schlagen.

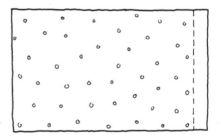

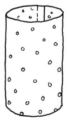

Goldfolie 25 cm × 15 cm zuschneiden und auf die Unterlage legen.
Jetzt können die Kleinen mit dem gesicherten Nagel viele Löcher in die Goldfolie stechen.
Die Laterne formen und zusammenkleben.

(U. Weber)

Ein Fenster zum Verschenken

Du brauchst:
Tonpapier, Transparentpapier, Goldfolie, Klebstoff, Schere.

Schneide einen Streifen Tonpapier zu:

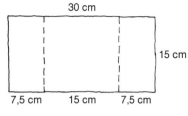

Teile den Streifen in drei Abschnitte ein und falte die beiden Seitenteile über den Mittelteil.
Runde die beiden oberen Ecken ab, so daß ein Torbogen entsteht.

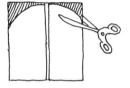

Öffne das Fenster.
Schneide aus dem Mittelteil das Tonpapier heraus, so daß ein Fensterrahmen stehen bleibt.

Klebe hinter die Rückseite helles Transparentpapier als „Fensterscheibe".
Schmücke das Fenster mit Tannenbäumen.
Schneide dazu aus grünem Transparentpapier Tannenbäume aus.

Klebe sie vorne auf die „Fensterscheibe".
Da, wo die Tannen sich überschneiden, entstehen dunklere Grüntöne.

Du kannst auch Engel, Könige oder die Krippe aufkleben!!

Zum Schluß schneide aus Goldfolie kleine Sterne aus. Sie sollen über den Tannen leuchten.
Schließe die Fensterflügel und schmücke sie mit Sternen aus Goldfolie.

Dein Geschenk ist fertig.

(E. Scharafat)

Sternenleuchte

Material:
Fotokarton,
Transparentpapier,
Klebstoff, Schere, Bleistift,
Teelicht

Den Stern nach Muster aus dem Fotokarton ausschneiden; mit Transparentpapier hinterkleben.
Einen Streifen 2 cm × 18 cm zurechtschneiden und zu einem Ring zusammenkleben.
Den Ring so hinter den Stern kleben, daß letzterer mit 2 Zacken auf dem Boden steht.
Ein Teelicht in den Ring stellen.

(U. Weber)

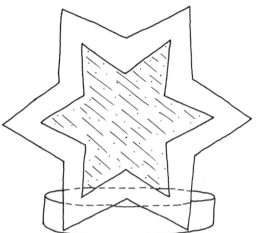

Wir stellen gemeinsam einen Adventskalender her

Ein Zeichenblatt wird zusammengefaltet. Auf die Innenseite malt jedes Kind ein Motiv, das ausdrückt, worauf es sich in der Weihnachtszeit besonders freut, z.B. Schlitten, Kerzen, Tannenbaum, Oma und Opa zu Besuch, Plätzchen, Teddy, Puppe usw. Auf die „Tür" (die Außenseite des Blattes) werden schöne große Sterne gemalt. Der Adventskalender kann in Form einer Tanne an die Wand gehängt werden. Jeden Tag in der Adventszeit wird eine Tür aufgefaltet.

6 Spiele für die Weihnachtszeit

Fingerspiele für die Weihnachtszeit	FINGERSPIELE	104
Der neue Engel	ERZÄHLUNG – GESCHICHTE	105
Der Esel hat die Nuß verloren	SPIEL	108
Hirten auf dem Weg zur Krippe	SPIEL	109
Wir bekommen Besuch	LIED	110
Wir legen Tiere und weihnachtliche Dinge mit dem Seil	SPIEL	111
Und das Kind hat hell gelacht	LIED	111
Tastspiele	SPIEL	112
Weihnachliches Suchspiel	SPIEL	112
Kinder an der Krippe	SPIEL	113
Die Tiere an der Krippe	SPIEL	116
Wir zünden nun die Kerzen an!	LIED	119
Holt die Trommel	LIED	119
Auf dem Hirtenfeld	FINGERSPIEL	120
Springt, springt, springt	LIED	121
Zieht mit zum Kind	LIED	122

Fingerspiele für die Weihnachtszeit

(Auf die Melodie: „Bald nun ist Weihnachtszeit" zu singen)

Bald nun ist Weihnachtszeit, fröhliche Zeit,
wir warten alle, daß es jetzt schneit.

Winterwind tobt, heult und braust um das Haus, Frau Holle, wann schüttelst die Betten du aus?	Kinder blasen durch die hohle Hand.
Und heute morgen, wißt ihr, was ich seh? lauft doch ans Fenster – alles voll Schnee!	Fenster in die Luft malen, durchgucken.
Flocken, die tanzen und schweben von weit, los – einen Schneemann, den bauen wir heut.	Mit den Fingern Flocken tanzen lassen.
Rollt eine Kugel, kommt alle her, und eine zweite, das ist ja nicht schwer!	Mit den Händen Kugeln in der Luft rollen.
Nun noch der Kopf, der soll oben dran, und schwarze Kohlen, die kleben wir an!	„Kohlen" ankleben.
Fünf dicke Steine für den Bauch, und Vaters Pfeife, die kriegt er auch.	„Fünf Steine" und die „Pfeife" ankleben.
Eine Rübe als Nase, und für den Kopf holen wir Mutters alten Topf.	„Rübe" einstecken, Topf aufsetzen.
Nun noch der Besen – o wie schön ist unser Schneemann anzusehn!	Besen einstecken.
Liebe Sonne, schein nicht so warm, sonst schmilzt dem Schneemann der Kopf und der Arm.	Sonne in die Luft malen.
Schneewind, so blase immer mehr, schick uns die Flocken und Eiszapfen her!	Durch die hohle Hand blasen.

Komm, liebe Weihnachtszeit, fröhliche Zeit,
wir freun uns alle, daß es jetzt schneit.

Der neue Engel

Heute hat Frau Krause im Kindergarten die erste Kerze am Adventskranz angezündet. Die Kinder kommen hereingestürmt. Im großen Gruppenraum ist es ganz schummerig. Da werden auch der wilde Jörg und Michael still, setzen sich leise auf ihre Plätze und gukken in das flackernde Kerzenlicht.
„Wollen wir heute unser Weihnachtsspiel weiterüben?" fragt Frau Krause. „O ja!" rufen die Kinder durcheinander.
„Ich möchte heute mal den Mohrenkönig spielen!" schreit Nils. „Nein, ich!" ruft Frank. Schon stürzen die beiden zur Spielkiste. Jeder will sich zuerst den großen weißen Turban mit der glänzenden Brosche herausziehen. Beinahe hätten sie ein kleines dunkelhaariges Mädchen umgerannt, das, nahe an die Mutter gepreßt, schüchtern an der Tür steht. Mit großen schwarzen, ängstlichen Augen guckt sie auf die streitenden Jungen vor ihr.
Frau Krause geht freundlich auf die beiden zu. „Ach, das ist ja unsere kleine Carmen!" sagt sie lächelnd. „Das paßt ja gut, daß sie so früh kommt, dann kann sie gleich zugucken, wenn wir unser Weihnachtsspiel üben. Komm, Carmen, setze dich hierher neben Peter und Gesa."
Schüchtern setzt sich das kleine Mädchen hin. Die Mutter gibt ihr einen Kuß und winkt ihr noch einmal zu. Dann ist Carmen ganz allein zwischen all den vielen neuen Gesichtern.
„So, das ist Carmen aus Spanien!" sagt Frau Krause. „Sie kann noch gar kein Wort Deutsch. Ihr müßt wirklich nett zu ihr sein und versuchen, mit ihr zu spielen und mit ihr zu sprechen, auch wenn sie es zuerst nicht versteht. Vielleicht kann auch mal am Nachmittag jemand sie besuchen. Gesa, sie wohnt in derselben Straße wie du. Gehe doch heute mittag mit ihr nach Hause und hole sie morgen früh ab!"

„So, nun wollen wir aber spielen!" drängen die Kinder.
Frank kommt schon mit der großen Krone vom König Balthasar und mit dem schönen roten Königsmantel anmarschiert. Robert ist der König Melchior mit einer langen bunten gestickten Schleppe. Die goldenen Ketten am Hals und an den Armen glitzern.
Nils hat schon als Mohrenkönig den weißen Turban aufgesetzt. „Schade – ich hab' bloß keine Ohrringe gefunden!" ruft er. „Du – die Carmen hat doch so schöne Ohrringe, die kannst du ja nehmen!" lacht Peter.
„Was – ein Mädchen mit Ohrringen!" Olaf und Jörg lachen laut los.
Jetzt schauen auch die anderen die kleine Neue näher an. „Guck mal, was die für einen weiten Rock anhat, die sieht aus wie eine Faschingsprinzessin!" grinst Karen. „Lauter Rüschen! Ob die nicht mal richtige Jeans hat?"
Die Kinder starren die kleine Prinzessin an. Carmen weiß nicht, wo sie hinschauen soll.
„So, jetzt laßt sie endlich in Ruhe!" ruft Frau Krause. „Nils, Frank und Olaf, nehmt eure Geschenke in die Hand! Kommt schön langsam durch den Sand geschritten und erzählt uns, was ihr in der Wüste alles gesehen und erlebt habt!"
„Ich sehe ganz viele Palmen!" ruft Robert. „Und ich hab' solchen Durst! Gibt es denn hier keinen Brunnen in der Nähe?" fragt Frank. „Mein Kamel hat mich runtergeworfen!" jammert Nils.
Nun wollen die anderen Kinder auch mitspielen. Karen will Hirtenjunge sein, Gesa will den alten Hirten spielen, viele Kinder wollen einfach Schafe und Hunde sein. Den schönen roten Mantel der Maria und den großen Hirtenhut des Josefs wollen auch mehrere Kinder anprobieren.
Carmen sitzt ganz still auf ihrem Stuhl und beobachtet die spielenden Kinder. „Möchtest du auch etwas haben?" fragt Frau Krause und hält ihr ein großes weißes Schaffell hin. Carmen schüttelt ängstlich den Kopf.

Als sie sich nachher um die Strohhalme und den Kakao drängen, wird sie immer wieder zurückgestoßen. Nils zupft sie von hinten an ihrer großen roten Schleife. Peter pufft sie in die Seite.
Endlich ist es Mittag. „Komm!" sagt Gesa, „wir gehen zusammen nach Hause!"
Draußen wartet schon die Mutter von Carmen. Gesa wundert sich, wie laut und schnell Carmen plötzlich sprechen kann. Ihr ängstliches Gesicht hellt sich auf, sie sieht richtig hübsch aus, als sie der Mutter schnell und hastig von all ihren Erlebnissen am ersten Tag im Kindergarten erzählt.
Schon stehen sie vor Carmens Haus. „Spielen?" fragt Carmens Mutter. Eigentlich hat Gesa keine Lust. Aber die kleine Neue schaut sie ganz bittend an. Carmens Mutter hält vier Finger hoch. „Vier – du kommen?"
„Na gut," sagt Gesa zögernd, „ich komme mal kurz bei euch vorbei!"
Aber dann bleibt sie doch über zwei Stunden. Es gibt so viel zu sehen bei der spanischen Familie, und es ist auch gar nicht langweilig.
Sie kann es kaum erwarten, am nächsten Tag Frau Krause und den anderen Kindern alles zu erzählen.
„Und eine Krippe haben die! Richtige tolle Holzfiguren, ganz große, Maria und Josef und viele Engel. Und oben drüber hat der Vater von Carmen eine Glühbirne angebracht, die strahlt ganz hell, wenn es dunkel ist. Und ich weiß auch, was Carmen in unserem Weihnachtsspiel sein kann! Sie hat nämlich ein so tolles weißes Kleid mit lauter Rüschen und Falten aus Spanien. Darauf kann sie Sterne kleben, und dann ist sie der Engel an der Krippe. Da braucht sie kein Wort zu sprechen, nur ganz ernst zu gucken!"
„Du, das ist ja eine tolle Idee!" sagt Frau Krause. „Das wollen wir doch gleich mal versuchen, auch ohne Engelskleid! Komm, Carmen, nimm die Kerze in die Hand! Du bist nicht so zappelig, dir kann ich die Kerze sogar anzünden!" Carmens dunkle Augen strahlen.

BEWEGUNGSSPIEL   108

Der Esel hat die Nuß verloren

Die Kinder sitzen im Stuhlkreis. Die Erzieherin sucht ein Kind als
„Esel" aus. Sie spricht dabei:

„Wer trägt den Sack vom Nikolaus?
Der Esel, der Esel mit seinen grauen Ohren.
Da stapft er rundherum im Kreis,
nun hat er was verloren."

Der Esel wandert herum, während die Kinder auf die Melodie „Alle
meine Entchen" singen:

„Der Wind weht durch den Winterwald,
hu, hu, hu,
und draußen ist es bitterkalt,
armer Niklaus du.

Wer trägt wohl deinen schweren Sack,
hu, hu, hu.
Das ist der graue Esel,
lieber Esel du.

Was hat er denn verloren,
ha, ha, ha!
Die braune runde Haselnuß,
paß auf, schon liegt sie da."

Der Esel läßt vorsichtig eine Haselnuß hinter einem Kind fallen. Nun
rennt er los, das betreffende Kind springt auf und verfolgt den Esel.
Wenn es ihn erwischt hat, darf es den Esel spielen.

Hirten auf dem Weg zur Krippe
(Ich führe dich – du folgst mir)

Wenn man den Kindern die Geschichte der Hirten auf dem Feld erzählt hat, kann dieses Spiel daran angeschlossen werden. An einer Ecke des Raumes wird die Krippe aufgestellt. Die Kinder stehen an der gegenüberliegenden Seite. Jeweils ein Kind ist Hirte, der voran geht. Er führt ein anderes Kind an der Hand, das die Augen geschlossen hat, weil der Stern so blendet. Das führende Kind kann viele Umwege über „Täler und Höhen" machen, bis es an der Krippe ist. Der Rollenwechsel erfolgt auf ein akustisches Signal (Hirtenflöte oder Triangel). Die Erzieherin kann das Spiel mit folgendem Text einleiten:

„Mit den Hirten wollen wir ziehen
über Steine, Sand und Feld,
und es glänzen hell die Sterne
über uns am Himmelszelt.

Kommt, wir wollen die Wege suchen,
hin zur Krippe laßt uns ziehn,
daß wir dann bei Ochs und Esel
vor dem Kind im Stalle knien."

Wir bekommen Besuch

Text: Barbara Cratzius Melodie: Herbert Ring

Singt und springt zu uns her-ein, bald wird gro-ße Freu-de sein!

1. Im Win-ter, im Win-ter, wer kommt zu uns her-ein?

Be-such, der hat sich an-ge-sagt, dann sind wir nicht al-lein.

2. Wir binden, wir binden den Kranz, so kommt doch her,
   mit Zweigen, Schleifen, Kerzen dran. Helft mit, es ist nicht schwer.
   Singt und springt zu uns herein, ...

3. Wir malen, wir malen, wir basteln auch so gern
   den Nikolaus mit Sack und Pack, mit Schlitten, Esel, Stern.
   Singt und springt zu uns herein, ...

4. Wir backen, wir backen, bringt Mehl und Zucker an!
   Wir formen Plätzchen, Vögel, Schaf, so gut ein jeder kann.
   Singt und springt zu uns herein, ...

5. Wir zünden, wir zünden die Kerzen an am Kranz.
   Und draußen wirbelt hoch der Schnee im weißen Flockentanz.
   Singt und springt zu uns herein, ...

6. Wir warten, wir warten, bald kommt die Heil'ge Nacht.
   Da liegt das Kind auf Heu und Stroh, Maria hält die Wacht.
   Singt und springt zu uns herein, ...

7. Zur Weihnacht, zur Weihnacht kommt Gott zu uns herein,
   besucht auch mich und alle Welt, wir sind nicht mehr allein.
   Singt und springt zu uns herein, ...

SPIEL/LIED

Wir legen Tiere und weihnachtliche Dinge mit dem Seil

Je zwei Kinder sitzen sich gegenüber und legen gemeinsam mit dem Seil auf ein akustisches Signal hin (Gong, Triangel) ein Tier (Schnecke, Schlange, Fisch, Maus, Vogel) oder weihnachtliche Dinge (Krippe, Stern, Stall, Krone, Hirtenstab, Tier). Dabei müssen die Kinder sich gut verständigen.
Nach einiger Zeit stehen die Kinder auf und erraten die Figuren der anderen Kinder. Die Figuren können auch mit geschlossenen Augen ertastet werden.

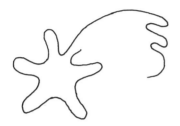
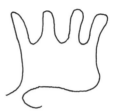

Und das Kind hat hell gelacht

Text: Barbara Cratzius
Melodie: Paul G. Walter*

2. Und der Esel schreit so laut,
und die Maus flitzt durch das Stroh!
Kätzchen schnurrt sanft und vertraut,
und das Kind, das jauchzt so froh!

3. Das Kamel scharrt mit dem Huf,
und der Hund der Hirten bellt!
Durch die Wüste tönt ihr Ruf,
näher schallt es übers Feld.

4. Und es drängt sich Schaf an Schaf
blökend an der Krippe dicht.
Braucht das Kind denn keinen Schlaf?
Blendet nicht der Sterne Licht?

5. Ach, die ganze lange Nacht
wollt nicht schlafen unser Kind!
Hat uns alle froh gemacht
dort im Stall bei Ochs und Rind.

Tastspiel mit Nikolaussäckchen

Aus Taschentüchern oder Servietten lassen sich schnell „Säckchen" herstellen. Sie werden mit kleinen Gegenständen, z. B. Paranüssen, Walnüssen, einem Rennauto, einem Holzengelchen, einem Püppchen „gefüllt" und mit einem Goldband zugebunden. Nun darf jedes Kind der Reihe nach die Gegenstände ertasten und auf einen Zettel malen (oder der Erzieherin zuflüstern). Wer die meisten Gegenstände richtig erfühlt hat, bekommt einen kleinen Siegespreis.

Weihnachtliches Suchspiel mit Liedern

Ein Kind wird vor die Tür geschickt; inzwischen werden kleine Schokoladenweihnachtsfiguren, selbstgebackene Kekse, Nüsse ... im Zimmer versteckt. Dann geht die Suche los! Die übrigen Kinder singen ein Weihnachtslied, das immer lauter wird, je mehr sich das Kind dem gesuchten Gegenstand nähert (z. B. Morgen kommt der Nikolaus; Bald nun ist Weihnachtszeit ...). Wenn der gesuchte Gegenstand in Greifnähe liegt, bricht der Gesang plötzlich ab. Der Spielleiter ruft:

1–2–3–4 das Ding liegt jetzt vor dir!
1–2–3–4 nun greif zu, und hol es dir!

Wenn das Kind den gesuchten Gegenstand gefunden hat, darf ein anderer vor die Tür gehen.

Tastspiel mit Früchten

Für kleinere Kinder bietet sich ein Tastspiel mit Früchten, die in der Weihnachtszeit angeboten werden, an. Den Kindern werden die Augen verbunden, und eine Frucht nach der anderen darf ertastet werden. Der Spielleiter ruft:
Was liegt in dieser Hand denn hier?

Befühl es gut und sag es mir!

Folgende Früchte eignen sich dazu: Rosinen, Pampelmusen, Orangen, Mandarinen, Bananen, Haselnüsse, Walnüsse, Mandeln, Äpfel, Birnen, Pflaumen.

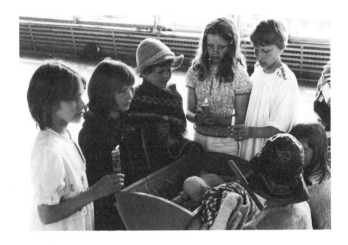

Die Kinder an der Krippe

1. Kind: Liebes Kind, in meiner Hand
hab' ich diesen schönen Stein.
Den fand neulich ich im Sand,
ich leg' ihn in das Stroh hinein.

2. Kind: Eine Vogelfeder
lag vor meinem Schuh,
ich will sie dir schenken,
liebes Kindlein du.

3. Kind: Eine braune Eichel
rollt' vor meinen Fuß,
damit kannst du spielen,
ich bring' sie als Gruß.

4. Kind: Und ich kann ganz prima malen,
meine schönsten Bilder hier
hab' ich für dich rausgesucht,
liebes Kind, ich schenk' sie dir.

5. Kind: Ich hab' dir ein Bild geschnitten,
hab' die Teilchen aufgeklebt,
schau – es ist ein Schaf geworden,
und ein Engel drüberschwebt.

6. Kind: Meine vielen kleinen Schäfchen
hab' aus Watte ich gemacht,
guck', sie laufen auf der Wiese,
und der Schäfer hält die Wacht.

7. Kind: Schau, hier ist ein rotes Männchen,
und der Apfel ist sein Bauch,
hier, die Nuß kannst du aufessen,
und den roten Apfel auch.

8. Kind: Ich war die Prinzessin,
schenk' die Krone hier,
schau, sie glänzt und leuchtet,
sie gehört nun dir.

9. Kind: Meine kleine Puppe,
schau nur, wie sie lacht,
kann auch Mama rufen,
hab' sie dir gebracht.

10. Kind: Schau hier meinen Teddy,
lieb hab' ich den Bär.
Er kann ganz tief brummen,
ich schenk' ihn dir her.

11. Kind: Meine liebe Katze
schläft in meinem Arm.
Doch du sollst sie haben,
sie hält dich ganz warm.

12. Kind: Guck', die Ritter, Pferde,
und die Burg dazu,
kannst du alle haben,
nimm sie, Kindlein, du.

13. Kind: Und der Einsatzwagen
macht tatü, tata,
ich will ihn dir schenken,
schau, nun steht er da!

14. Kind: Diesen bunten Drachen
hab' ich selbst gemacht,
er kann steigen, fliegen,
guck nur, wie er lacht.

15. Kind: Diesen weißen Schneemann
    mit dem Stock dabei,
    hab' ich dir hier aufgeklebt,
    leg' ihn dir ins Heu.

16. Kind: Ich bringe dir ein ganzes Haus,
    schau – aus Pfefferkuchen,
    da schaut schon die Hexe raus,
    will die Gretel suchen.

17. Kind: Spielzeug wollt' ich dir nicht schenken,
    denn das kann kaputt schnell gehn,
    und ich müßte immer denken:
    kaputtes Spielzeug ist nicht schön.

18. Kind: Den zerzausten Bär, den braunen,
    auch ein Auto warf ich fort,
    und der Stoffhund, du wirst staunen,
    steht nicht mehr auf meinem Bord.

19. Kind: Sowas will ich dir nicht schenken,
    möcht dich streicheln, Kindlein klein.
    Und ich will oft an dich denken,
    ganz nah möcht' ich bei dir sein.

20. Kind: Wenn ich an zu singen fange,
    lachen mich die andern aus,
    weil ich immer so tief brumme,
    ging' am liebsten ich nach Haus.

    Hab' kein Bild und keine Flöte,
    möcht' nur an der Krippe sein,
    möchte deine Hand anfassen,
    hier im Stall, du Kindlein klein.

    Liebes Kind, ich glaube sicher,
    auslachen wirst du mich nicht,
    wenn ich ganz nah bei dir knie,
    machst du hell auch mein Gesicht.

Die Tiere an der Krippe

Vorbemerkung: Ein Spiel von den Tieren an der Krippe wird von kleinen Kindern, die den Tieren gefühlsmäßig sehr nahestehen, dankbar aufgenommen. Das Bild vom Tierfrieden geht auf die messianische Prophezeiung zurück (Jesaja 11, 6–9). Das „Friede auf Erden" bezieht sich auf alle Kreatur: Auch die wildesten Tiere werden zahm. Daß Tiere in das Lob Gottes mit hineingenommen sind, wird in verschiedenen Psalmen, besonders in Psalm 148, angesprochen.

Dieses Spiel eignet sich schon für die Jüngsten (3 bis 4 Jahre). Hierbei wäre eine angedeutete Kostümierung sehr wirkungsvoll (Katze – Schnurrbart; Esel – Eselsohren). Die Gruppenleiterin oder ein älteres Kind spricht die Texte, während die Kinder nur die Tierlaute nachahmen. Zwischen dem Auftritt der einzelnen Tiere können die Kinder folgenden Text gemeinsam singen oder sprechen:

> Wir kommen, liebes Kindelein,
> und wollen dir ganz nahe sein!

Erzieherin: Da kommt die liebe Katze,
Kinder: miau, miau, miau,
Erzieherin: die schleicht herbei ganz schnell.
Sie schnurrt ganz zart und leise,
wärmt dich mit ihrem Fell!

> Wir kommen, ...

Erzieherin: Da kommt der große Hund,
Kinder: wau, wau, wau, wau, wau, wau,
Erzieherin: der springt ganz wild herbei.
Er will nun lieb und leise sein
und legt sich in das Heu.

Wir kommen, …

Erzieherin: Seht ihr den grauen Esel?
Kinder: ia, ia, ia,
Erzieherin: der läßt heut nacht sein Schreien.
Schaut seine langen Ohren,
er will ganz ruhig sein.

Wir kommen, …

Erzieherin: Nun kommt die große Kuh,
Kinder: muh, muh, muh, muh, muh, muh,
Erzieherin: die stampft so laut und schwer.
Will süße Milch dir geben,
die trägt sie zu dir her.

Wir kommen, …

Erzieherin: Da fliegt der graue Kuckuck,
Kinder: kuckuck, kuckuck, kuckuck,
Erzieherin: ruft seinen Namen laut.
Er ist heut gar nicht bange
und flattert zu dir – schaut!

Wir kommen, …

Erzieherin: Und seht, die braune Henne,
Kinder: gack, gack, gack, gack, gack, gack,
Erzieherin: die trippelt schnell herbei.
Sie scharrt vor dir im Sande
und legt dir rasch ein Ei.

Wir kommen, …

Erzieherin: Nun schaut die schwarze Amsel,
Kinder: piep, piep, piep, piep, piep, piep,
Erzieherin: sie singt mit lautem Schall.
Sie setzt sich auf den Balken
vor deinem kleinen Stall.

Wir kommen, ...

Erzieherin: Seht ihr den bunten Hahn?
Kinder: Kikeriki, kikeriki,
Erzieherin: der kräht dich morgens wach.
Zeigt seine bunten Federn
und setzt sich auf das Dach.

Wir kommen, ...

Erzieherin: Schnell springt das kleine Mäuschen,
Kinder: piep, piep, piep, piep, piep, piep,
Erzieherin: es bringt dir her ein Korn.
Es kriecht an deine Krippe,
sitzt bei dir nun ganz vorn.

Wir kommen, ...

Erzieherin: Die schöne weiße Taube,
Kinder: gurr, gurr, gurr, gurr, gurr, gurr,
Erzieherin: sie fliegt jetzt auch herbei.
Sie sagt hier allen Menschen,
daß Freud und Frieden sei.

Der Anzahl der Kinder entsprechend können noch zusätzlich Tiere aufgeboten werden, die dem Kind in der Krippe ihre Gaben und Begabungen bringen.

Alle: Wir stehn an deiner Krippe,
du liegst auf hartem Stroh.
Gott ist zu uns gekommen,
das macht uns alle froh.

Wir zünden nun die Kerzen an!

Text: Barbara Cratzius
Melodie: Paul G. Walter*

2. Wir zünden nun die Kerzen an,
seht, es glänzt der Schein!
Und wir geben uns die Hände,
laßt uns froh und dankbar sein.

3. Wir zünden nun die Kerzen an,
heller wird die Nacht.
Gott hat seinen lieben Sohn
in die dunkle Welt gebracht.

Holt die Trommel

Text: Barbara Cratzius   Melodie: Herbert Ring

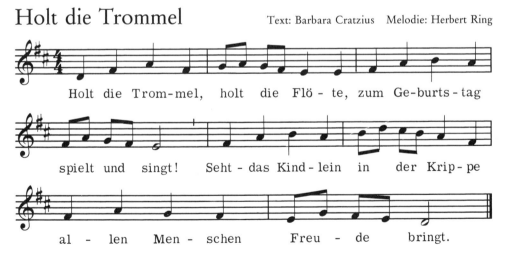

Dies ist ein kleines Lied für den Heiligabend. Es sagt uns, wie sehr wir uns alle auf die Geburt des Jesuskindes freuen.

Das Lied sollte vorher auf der Flöte eingeübt werden. Auch Triangel, Trommel und andere Instrumente können als Begleitinstrumente mitwirken.

Auf dem Hirtenfeld

Seht ihr das Zelt
auf dem Hirtenfeld?
Der eine Hirte steht davor
und guckt zum hellen Stern empor.

Mit den Händen das Zelt formen. Der Daumen wird als Schäfer hochgereckt.

Mäh, mäh, mäh,
da ist das Feld mit den Schafen.
Mäh, mäh, mäh,
die Schafen liegen und schlafen.

Nun sind die Finger die Schafe. Sie laufen eine Weile mäend herum, legen sich dann zum Schlafen nieder.

Wau, wau, wau,
der Hütehund, der hält die Wacht,
läuft um die Herde die ganze Nacht.
Wau, wau, wau.

Die Finger der linken Hand liegen ausgestreckt als schlafende Schafe da. Der Zeigefinger der rechten Hand umkreist die Herde.

Kling, ling, ling.
Hört ihr's in der Ferne klingen?
Engel sind es, die hell singen.
Kling, ling, ling.

Die Finger der rechten Hand kommen durch die Luft geflogen.

Wir bringen euch gute Nachricht mit,
lauft los, lauft los mit schnellen Schritt.
Es ist heut nacht etwas geschehn,
ihr dürft das Kind in der Krippe sehn.

Trippe, trippe trapp,
schon geht's über Stock und Stein
nach Bethlehem in den Stall hinein.
Trippe, trippe trapp.

Die Finger der rechten Hand trippeln als Hirten eilig fort.

Kommt alle herbei,
da liegt das Kind im Heu.
Es lacht uns an im harten Stroh
macht dich und mich und alle froh.

Springt, springt, springt

Text: Barbara Cratzius Melodie: Paul G. Walter

1. Springt, springt, springt, ihr Kinder, kommt und singt. Sehet, was in dieser Nacht Gott, der Herr, uns hat gebracht. Kommet all herbei, kommet all herbei.

2. Springt, springt, springt,
   ihr Kinder kommt und singt.
   Eh der Hahn beginnt zu krähn,
   müßt ihr unser Kindlein sehn.
   |: Kommet all herbei. :|

3. Springt, springt, springt,
   ihr Kinder kommt und singt.
   Eh verblaßt der Abendstern.
   eilt und suchet euren Herrn.
   |: Kommet all herbei. :|

4. Springt, springt, springt,
   ihr Kinder kommt und singt.
   Seht, die Sonne zieht herauf,
   geht im Osten glühend auf.
   |: Kommet all herbei. :|

5. Springt, springt, springt,
   ihr Kinder kommt und singt.
   Heller als der Sonne Schein
   strahlt das Kind im Krippelein.
   |: Kommet all herbei. :|

LIED/FINGERSPIEL

Zieht mit zum Kind

Text: Barbara Cratzius   Melodie: Paul G. Walter*

1. Wer zog zum Kind in der Heiligen Nacht? Die Hirten von dem Feld. Sie haben Wolle hingebracht zum Kind, dem Herrn der Welt.

2. Wer zog zum Kind in der Heiligen Nacht?
   Die Weisen durch den Sand.
   Sie haben Schätze mitgebracht
   aus ihrem fernen Land.

3. Wer zog zum Kind in der Heiligen Nacht?
   Da seht ihr Stern an Stern.
   Sie haben hell die Nacht gemacht
   für Christus, unsern Herrn.

4. So zieht doch mit der Heiligen Nacht
   und tretet leis herein!
   Die Türen sind weit aufgemacht,
   ihr dürft ihm nahe sein.

7 Ein neues Jahr liegt vor uns

Danke für dein gutes Jahr	LIED	124
Die Sternsinger kommen	ERZÄHLUNG – GESCHICHTE	126
Sternsingerlied	LIED	127
Kleines Sternsingerspiel	SPIEL	128

4. (wie 3.)
Ganz lustig ist es im April, der weiß ja gar nicht, was er will.
Mal neckt er uns mit Sonnenschein, dann treibt uns Schnee ins Haus hinein.

5. Der Mai, der macht die Käfer wach, die Amsel zwitschert

auf dem Dach. Er ruft den Storch, den Frosch herbei, so

lustig ist der Monat Mai.

6. (wie 5.)
Im Juni sprießt das grüne Feld, wie bunt und schön ist unsre Welt.
Der Bach, der gluckst, die Lerche singt, das Fohlen auf der Wiese springt.

7. (wie 5.)
Der Juli schenkt uns hitzefrei, hinein ins Wasser: eins, zwei, drei!
Wir buddeln tief im warmen Sand und sind schon bald ganz braungebrannt.

8. (wie B, Vers 3)
August, der ruft dem Regen zu: „Ich sperr dich ein, laß uns in Ruh!"
Es blühen Mohn und Rittersporn, und auf den Feldern reift das Korn.

9. (wie B, Vers 3)
September sagt: „Nun ist es Zeit, ihr Vögel, ihr müßt fliegen weit.
Die Drachen stehen hoch im Wind, kommt auf die Felder nun geschwind.

10. (wie A, Vers 1)
Oktober ruft die Stürme her, die Felder liegen kahl und leer.
Der Fuchs kriecht in den Bau hinein, und auch der Maulwurf gräbt sich ein.

11. (wie A, Vers 1)
November läßt die Nebel wehn, ich kann bis zur Straße sehn.
Doch auch in dunkler, grauer Zeit, da leuchtet uns ein Licht von weit.

12. (wie B, Vers 3)
Dezember zieht ganz leis heran. Wir malen unsre Krippe an.
Hoch überm Stall der Stern dort – seht! Die Tür für alle offen steht.

Lied

Schluß

Al-les schenkt Gott uns wun-der-bar. Herr, geh mit uns von Jahr zu Jahr!

Die Sternsinger kommen

In vielen Gegenden Deutschlands wird am 6. Januar das Fest der Heiligen drei Könige gefeiert. An diesem Tag ziehen viele Kinder – als Heilige drei Könige prächtig geschmückt – als Sternsinger hinter einem Stern her von Haus zu Haus. Sie singen ihre Sternsingerlieder und schreiben an die Türpfosten von Häusern und Ställen ein geheimnisvolles Zeichen: 19 + C + M + B + 88 – Casper + Melchior + Balthasar sollen im neuen Jahr das Haus beschützen. Diese drei Buchstaben gehen eigentlich auf das lateinische „Christus *m*ansionam *b*enedicat" zurück, das bedeutet: „Christus segne dieses Haus." Die Sternsinger verkünden den Menschen Gottes Frieden und erbitten Gaben für Kinder in der 3. Welt.

Dieser alte Brauch geht auf das Matthäus-Evangelium zurück. Der Evangelist Matthäus erzählt uns, daß zur Zeit, als Jesus geboren wurde, ein großer leuchtender Stern am Himmel gestanden hat. Sternforscher aus dem Orient hatten den Stern gesehen und zogen auf

weiten gefahrvollen Wegen durch die Wüste an den Hof des Königs Herodes nach Jerusalem und fragten: „Wo ist der neugeborene König der Juden? Wir haben seinen Stern gesehen und sind hierher gekommen, um ihn anzubeten."
Der König Herodes rief die führenden Priester zusammen und fragte sie: „Wo soll der neue König geboren werden?"
Die Priester antworteten: „So wie es im Buch des Propheten Micha steht: Aus Bethlehem soll der Mann kommen, der Israel einst führen wird."
So zogen die drei Weisen von Jerusalem in das kleine Dorf Bethlehem und fanden Maria und Josef und das Kind in der Krippe. Sie fielen auf die Knie und beteten es an. Sie reichten ihm ihre Geschenke: Gold, Weihrauch und Myrrhe.
Die Weisen erkannten, daß in diesem armen Kind in der Krippe Gott selbst in seiner Liebe zu den Menschen kommen will.
Diese drei Weisen, diese drei Könige, wie es später im Mittelalter die Menschen erzählt haben, wollen uns auffordern: Kommt mit! Zieht mit zum Kind in der Krippe! – Gott hat uns gesegnet mit diesem Kind, das einst der Helfer und Retter aller Menschen sein wird.
Ein alter Kirchenvater, J. Chrysostomos, hat einmal gesagt: „Folgen wir also den Weisen, auf daß wir Christus schauen können!"

Sternsingerlied

Text: Barbara Cratzius   Melodie: Herbert Ring

1. Wir folg-ten nach dem hel-len Stern durch Wüste, Sand und Stein.

Wir zo-gen her aus fernem Land und tra-ten zum Stalle hin-ein.

A: Gott seg-ne gnä-dig die-ses Haus und al-le, die ge-hen ein und aus!

2. Wir trugen Weihrauch, Myrrhe, Gold, es führte uns der Stern.
   Wir knieten nieder bei dem Kind und grüßten den Heiland und Herrn.
3. Nun strahlt der helle Stern für euch. Vergeßt die Gaben nicht!
   Gott segne uns im neuen Jahr. Es glänzt uns im Dunkel sein Licht.

Kleines Sternsingerspiel

Die Bibel erzählt, daß zur Zeit, als Jesus geboren werden sollte, ein heller Stern am Himmel gestanden hat. Das war ein Zeichen von Gott, daß er seinen lieben Sohn auf die Erde schicken wollte.
Habt ihr Lust, ein kleines „Sternsingerspiel" miteinander zu spielen? Bei diesem Spiel setzt ihr euch zu einem Kreis zusammen. Ein Sternträger mit einem schönen Goldstern auf einem langen Stab wandert im Kreis herum und bleibt vor einem Kind stehen. Das Kind fragt:

> „Stern, du stehst so hoch am Himmel,
> Stern, ich will dich fragen,
> funkelst in den dunklen Nächten,
> was willst du uns sagen?"

Der Sternträger antwortet:

> „Gott schickt mich zu euch als Zeichen.
> Zieht mir nach, ich steh' nicht still,
> weil ich euch zum Jesuskinde
> in der Krippe führen will."

Nun wandert ein Kind nach dem andern hinter dem Sternträger her. Dabei können alle singen:

> Wir wandern, wir wandern, wir bleiben gar nicht stehn,
> wir wollen das Jesuskind in seiner Krippe sehn.

Text: Barbara Cratzius   Melodie: Herbert Ring